本书是北京国际商贸中心研究基地课题"新零售环境下消费者网络购物决策影响研究"（11107JA1918）的研究成果

经济管理学术文库·经济类

消费者网络购买决策中
不同参照点影响力比较研究

A Comparative Research on the Influence of Different Reference
Points in Consumers' Online Purchasing Decisions

任 杰／著

经济管理出版社
ECONOMY & MANAGEMENT PUBLISHING HOUSE

图书在版编目（CIP）数据

消费者网络购买决策中不同参照点影响力比较研究/任杰著. —北京：经济管理出版社，2019.5

ISBN 978-7-5096-6748-4

Ⅰ. ①消… Ⅱ. ①任… Ⅲ. ①网上购物—消费者行为论—研究 Ⅳ. ①F713.365.2

中国版本图书馆 CIP 数据核字（2019）第 143314 号

组稿编辑：宋　娜
责任编辑：张　昕　姜玉满
责任印制：黄章平
责任校对：董杉珊

出版发行：经济管理出版社
　　　　　（北京市海淀区北蜂窝 8 号中雅大厦 A 座 11 层　100038）
网　　址：www.E-mp.com.cn
电　　话：（010）51915602
印　　刷：三河市延风印装有限公司
经　　销：新华书店
开　　本：720mm×1000mm /16
印　　张：11.75
字　　数：169 千字
版　　次：2020 年 6 月第 1 版　2020 年 6 月第 1 次印刷
书　　号：ISBN 978-7-5096-6748-4
定　　价：98.00 元

前　言

近年来，随着电子商务的快速发展，网络购物作为电子商务的一种主要模式，由于其消除了时间和地域限制，减少了买卖交易的中间环节，提高了传统商务活动的效益和效率，已经逐渐为消费者所认可和接受。新时代网络环境的冲击使消费者在购买决策上有了更广阔的选择空间，影响消费者购买决策的因素不局限于传统的价格、质量等因素，还有随着网络消费市场的不断发展而产生的新的因素。网络商家怎样确保实施的电子商务项目取得了成功，成为了人们关注的焦点呢？只有清楚地了解在线消费者购买决策的影响因素，才能针对在线消费者提供个性化的服务。

研究网络购物环境下在线消费者购买决策的参照点有助于把握消费者的购买决策行为，对于指导在线消费者理性购买、提高市场效益具有重要意义。具体来说，如果消费者以某一参照点作为基准，结果可能会是积极有利的，但如果以另外一个参照点为评价标准，结果可能又会变成消极不利的。本书采用定性和定量相结合的研究方法，第一，在参考相关文献的基础上，采用消费者访谈的方式定性确定了影响在线消费者参照点形成的主要因素，包括产品价格、框架效应、产品品牌属性、产品评价、时间、消费者个体偏好和消费者目标。经过访谈和实证研究发现，由于我国在线消费者对网络促销和产品运送时间并不敏感，因此剔除了网络促销参照点和购买时间参照点。第二，以剩余因素作为影响在线消费者购买决策的参照点，构建基于参照点的在线消费者感知收益和损失的购买决策模型，并提出相关的研究假设。第三，根据本书前部分所依据的理论基础并结合前人的研究成果设计出研究量表，然后通过调研问卷的效度分析和信度分析，修正问卷量表的问项并形成正式问卷。第四，利用 PASW Statistics18.0 和 AMOS17.0 软件对问卷调研结果进行统计分析，最后采用结构方程模型对基于不同参照点的在线消费者的购买决策行为进行实证研究。得出本书的主要结论如下：

（1）在线消费者购买决策参照点的形成机制。本书首先根据前景理论，通过访谈法和实证调研的方法研究了在线消费者参照点的形成机制。以网络市场环境为背景，消费者行为和购买决策的理论基础为支撑，从网络商家和消费者自身两个方面分析在线消费者购买决策参照点形成的影响因素，根据访谈和实证研究的结果将在线消费者购买决策参照点分为显性参照点和隐性参照点。显性参照点包括价格参照点、框架效应参照点、产品品牌属性参照点和产品评论参照点四个方面；隐性参照点包括目标参照点和消费者偏好参照点两个方面。

（2）购买参照点对在线消费者感知收益的影响结论。将不同参照点对在线消费者感知收益的影响因素的模型进行实证研究发现，感知收益方面，在线消费者购买参照点对其决策有显著正向影响的因素分别是价格参照点、框架效应参照点、产品品牌属性参照点、产品评论参照点和消费者偏好参照点。

（3）购买参照点对在线消费者感知损失的影响结论。将不同参照点对在线消费者感知损失的影响因素的模型进行实证分析发现，感知损失方面，在线消费者购买参照点对其决策有显著负向影响的因素分别是价格参照点、框架效应参照点、产品品牌属性参照点和消费者偏好参照点。

本书通过研究，厘清了在线消费者根据不同参照点感知收益、感知损失与消费者购买态度和购买意愿之间的关系，为电子商务行业营销者提供了改进建议与依据，丰富了对在线消费者购买决策行为的研究，从而推动电子商务行业健康、平稳地发展。

目　录

第一章

绪 论

第一节　研究背景与意义

一、研究背景

当前，借助突飞猛进的计算机网络和信息技术，电子商务在全球范围内迅速发展，它改变了传统市场的竞争格局，带来了新的机遇和挑战。Amit 和 Zott（2001）指出，自 2010 年以来，电子商务作为一种全新的商业模式，将开辟一条创造财富的新途径。越来越多的人尤其是年轻人开始接受并尝试在线消费方式，网络在很大程度上改变了传统的购买模式，而且以强劲的势头继续发展，利用网络市场销售产品和服务已经成为企业市场营销的重要手段之一。

目前，全球电子商务呈"一超二强"的竞争格局。表 1-1 为 2017 年全球 B2C 电子商务指数 TOP10，表 1-2 为 2017 年全球电商公司排行榜 TOP10，表 1-3 为全球电子商务公司营业收入 TOP10。表中数据显示，十大在线购物国家中有八个位于欧洲，而且它们的指数值非常接近。荷兰位居榜首，大多数指标都具有很高的价值，尤其是安全的服务器使用密度，这是衡量电子商务商店的重要指标。瑞士在所有指标上都处于有利地位，具备成为世界上最好的电子商务市场所需的所有要素。英国从 2017 年的第六名攀升至第四名，英国为网上购物提供了有利环境，平均每位购物者的 B2C 支出在欧洲是最高的。在 2017 年的全球电商公司排行榜中，阿里巴巴集团排名第一。该公司始于 1999 年，由马云创立，他的想法是将中国制造商与来自大洋彼岸的买家联系起来。多年后，阿里巴巴集团既是世界上最有价值的十家公司之一，也是 2017 年世界上最大的零售电商巨头。目前，虽然电子商务在全球得到了快速的发展，但是不同国家或地区的发展却存在着较大的差异。

表1-1 全球B2C电子商务指数排名（2017年）

排名	国家	互联网使用率（2017）	金融账户（15岁以上，2017）	安全服务器渗透率（2017）	邮政可靠性指数（2017）	指数价值（2017）	指数排名（2017）
1	荷兰	95	100	100	90	96.1	4
2	新加坡	84	98	98	100	95.2	18
3	瑞士	94	98	94	94	95.0	2
4	英国	95	96	90	96	94.4	6
5	挪威	98	100	87	90	93.5	3
6	冰岛	98	99	98	78	93.5	11
7	爱尔兰	81	95	95	100	92.8	19
8	瑞典	96	100	86	89	92.8	7
9	新西兰	88	99	87	96	92.6	10
10	丹麦	97	100	96	74	91.8	13

资料来源：雨果网，联合国发布：全球电商指数排名TOP10。

表1-2 全球电商公司排行榜TOP10（2017年）

排名	公司名称	国家
1	阿里巴巴集团	中国
2	亚马逊	美国
3	苹果公司	美国
4	京东	中国
5	沃尔玛百货公司	美国
6	苏宁云商集团股份有限公司	中国
7	Tesco（乐购）	英国
8	Otto（奥托）	德国
9	唯品会（Vipshop）	中国
10	Zulily	美国

资料来源：中商产业研究院。

表 1-3　全球电子商务公司营业收入 TOP10

排名	公司名称	国家	Mkt Cap（SB）
1	Amazon. com	美国	74.5
2	Apple（online）	美国	18.3
3	eBay	美国	16.0
4	JD. COM	中国	11.2
5	Staples. com	美国	10.4
6	Walmart. com	美国	10.0
7	Alibaba Group	中国	8.0
8	Otto Group（online）	德国	7.9
9	Office Depot（online）	美国	7.3
10	Priceline	美国	6.8

资料来源：闫德利：《电子商务：互联互通，引领未来》，JD.com 政策研究室，2014 年 10 月 26 日。

在我国电子商务也呈现出一片繁荣景象，由于互联网具有全球性、实时交互、资源共享和超越时空等优势，使消费者可以在家"逛商店"，购买产品不受时间和空间的限制；并且可以获得大量的商品信息，能够买到当地没有的商品，因此越来越多的消费者和商家愿意通过网络方式进行交易。我国消费者的购买行为从传统实体商店延伸到了新兴的网络市场，并逐步改变了企业的经营方式，创造了新的消费者购买决策行为和商业模式。如图 1-1 所示，根据中国互联网信息中心 2018 年 7 月发布的《第 42 次中国互联网发展状况统计报告》中的数据，截至 2018 年 6 月，我国网民规模为 8.02 亿元，上半年新增网民 2968 万人，较 2017 年末增加 3.8%，互联网普及率达 57.7%。我国手机网民规模达 7.88 亿人，网民通过手机接入互联网的比例高达 98.3%。我国互联网基础设施建设不断优化升级，网络扶贫成为精准扶贫、精准脱贫的工作途径，提速降费政策稳步实施，推动移动互联网接入流量显著增长，网络信息服务朝着扩大网络覆盖范围、提升速度、降低费用的方向发展。

在网络营销受到重视、消费者观念转变等因素的影响下，互联网的发展主题已经从"普及率提升"转变到"使用程度加深"阶段，消费者的购

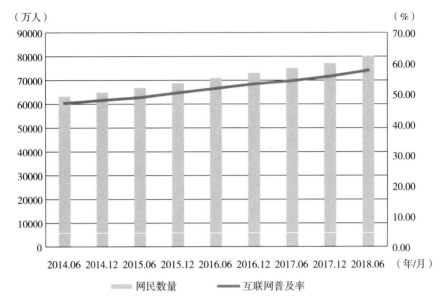

图 1-1　中国网民规模与互联网普及率

资料来源：CNNIC，中商产业研究院（2014~2018 年上半年）。

买决策行为开始从线下到线上的行为转变，大量的传统企业也开始了线上线下相结合的销售模式。表 1-4 显示了消费者通过网络购物与传统购物模式在多个方面存在的差异。然而，在网络市场繁荣的背后，我们还需清醒地看到：第一，互联网使消费者的消费观念发生重大改变，传统消费一般直接消耗物质性产品，称为多功能性消费，但是网络消费是一种体验性消费，例如信息搜寻、虚拟社区、知识经验共享等，这些网络消费以全新的消费资料与场所，以在线体验、虚拟交互等特征而深刻改变了消费者的购买决策行为，这种特殊的信息消费是人类消费工具革命所必然导致的消费转型。第二，由于网络购物是超越时空的，人们在消费方式、消费内容、交易方式等方面与传统的消费有很大的不同，CNNIC 互联网热点报告指出，在线消费者进行购买时，大概有 58% 的消费者会比较不同网站出售的同种产品的价格、付款方式、配送方式以及售后服务等，对比这些因素后才会对自己的购买做出决策。第三，网络购物更加突出个性化特征。首先，网络营销在时间上和空间上不会再受到传统营销模式的限制，消费者可以根据自己的时间安排接受服务，具有时空个性化。其次，网络商家能够通过互联网提供更具特色的服务，亦即营销方式个性化。例如消费者计划购买某网络商家的服装产品，消费者可以根据自己的喜好进行设计，然后由该网络商家根据消费者的要求进行制作，这种方式彻底改变了"企业提供什么，用户接受什么"的传统方式，在网络市场变成了"用户需要什么，企业提供什么"的新方式。第四，面对如此多低折扣、丰富的网络产品，消费者会如何进行购买决策？

表 1-4　网络购物模式和传统购物模式的比较

	传统购物模式	网络购物模式
交易对象	以消费者为具体交流对象的商家	全球范围的网络商家
交易场所	现实生活中的商场、超市等场所	网络中的虚拟消费空间
产品选择方式	亲眼所见、可以亲手试用、挑选	除音乐、文本文件等少数可以在线试用的产品，大多数产品，消费者只能根据网络商家提供的文字、图片、视频说明、消费者评论或消费者自身的经验进行购买决策
交易方式	一手交钱、一手交货，可以实现"钱货两清"	物流与资金流分离，网络支付后需要等待一段时间才能收到产品
售后服务	就近维修或直接办理调换、退货等手续	需要花费更大的成本（尤其是时间成本）
争端解决方式	向商家、当地的消协或法院寻求解决争端	由于网络商家通常在外地甚至国外，解决争端所需的精力和机会成本比较高

资料来源：笔者在冯炜（2010）、庞川等（2004）研究基础上整理而得。

传统经济学以"理性人"作为理论基础，利用数学模型对经济现象和经济行为进行预测。行为经济学则是经济学和心理学结合的产物，行为经济学中对人的研究不仅仅是物的经济，还包括对人的心理、行为和认知方面的研究。赫伯特·西蒙（1983）指出，由于人并非是全知全能的，人类决策的特点是有限理性，以"满意"为原则，情境对决策能产生显著影响。大量理论研究和实验研究表明，消费者在进行购买决策时并不仅仅依据决策方案各种可能结果的绝对效用值，而是以某个既存的心理中立基点（参照点）作为基准，把决策结果理解为实际损益量与心理参照点的偏离方向和程度。也就是说，实际情况与参照水平之间的相对差异比实际的绝对值更加重要。

在当今竞争普遍存在的市场环境下，考虑在线消费者的购买参照点，可以正确地把在线消费者关注的焦点纳入消费者购买决策的评价体系中。然而，在阅读了大量的中外关于参照点对消费者购买决策影响的文献后发现，很多对消费者参照点的研究是基于传统市场环境，由于电子商务的虚拟性，使消费者网上购买决策行为和需求特征不同于传统实体店，导致消费者网络购买行为的影响因素与消费者在传统实体店的购买行为影响因素存在很大的差异，例如网店产品只能通过照片和文字描述进行展示，缺乏人员间的直接互动等，这些新特点造就了网络销售的特殊性，我们不能简单地用传统的营销方式来解决网络营销问题。另外，尽管有些学者提出了消费者在购买决策中存在参照依赖现象，但是大多是进行定性的描述，或者通过实验的方式进行验证，很大程度上是在单一参照点（如价格、品牌、质量等）情况下考察的，并没有考虑在线消费者的购买经验或心理变化等特征，而且针对在线消费者参照点方面的研究主要集中于网络拍卖市场。

二、问题的提出

网络市场环境下，在线消费者会面临更大的不确定性，网络市场有着海量的信息和更多的选择，那么在线消费者在购买决策时到底会受什么因素影响？网络商家如何按照"趋利避害"的原则调节消费者的购买决策行为？行为经济学中大量研究发现，消费者在进行购买决策时，常常会选取一个参照点作为决策依据，并将实际感受到的收益和损失与参照点的对比情况作为决策结果。

首先，本书通过访谈法和实证研究将在线消费者的购买决策参照点分为显性参照点和隐性参照点。显性参照点是从网络商家角度出发，主要包括价格参照点、框架效应参照点、产品品牌参照点和产品评论参照点，隐性参照点是从消费者角度出发，主要包括目标参照点、时间参照点和个体偏好参照点。消费者在网络购物过程中，不同的参照点可能会影响消费者的购买决策。例如，消费者的心中对所要购买的产品价格会存在一个内部标准，即价格参照点，他在购买某商品前会将网络商家的实际售价与价格参照点进行比较，得出对产品的主观感知价格，这体现了价格参照点对在线消费者购买决策的影响。其次，在网络市场环境下，消费者更加注重产品的描述，框架效应参照点是指由于使用不同的描述方式对产品进行叙述，使消费者因产品不同的表达方式而导致决策购买偏好的改变，由于产品语义描述的不同（如收益描述与损失描述），消费者对于同一产品会产生有不同的购买偏好。Todd 和 Dminic（2007）在对风险决策问题的进一步研究中发现，如果产品以积极正面的形式表述，消费者更加倾向于风险规避，而当问题以消极负面的形式表达时，人们则更加倾向于风险追寻。但在网络市场环境下，并没有针对在线消费者在这个方面的实证研究，也并不清楚在线消费者针对正面框架和负面框架会产生什么样的购买决策行为？品牌作为产品属性中的一个重要因素在很多方面影响着消费者行为，而且网络市场中的消费者品牌选择与传统市场中的品牌选择存在较大的差异，价格参照点主要反映了消费者的预期，品牌作为一个参照点则会塑造消费者的期望，消费者会根据产品的价格参照点来评估产品品牌的未来价格，并且基于两者的差异做出相应的决策。另外，显性参照点和隐性参照点对在线消费者的购买决策影响程度有何差异？消费者如何综合网络商家提供的不同显性参照点和自身内在的隐性参照点来对产品进行评估和决策？以上问题表明，在网络市场环境下，不同参照点的形成机理以及对我国在线消费者的购买决策的影响尚不清晰。综合考虑上述因素，在对在线消费者基于不同参照点的购买决策进行深入分析之后，本书试图回答以下问题：

（1）探究在线消费者的购买参照点是如何形成的？

（2）网络市场环境下，不同的购买参照点对消费者感知收益和感知损失有着怎样的影响路径关系？

（3）通过在线消费者感知收益和感知损失，会如何影响消费者的购买态度和购买意愿？

（4）网络零售企业如何以消费者的购买参照点展开营销策略？

三、研究意义

本书从社会学、心理学、经济学和营销学等多学科的基本原理方面，研究了我国在线消费者在不同购买参照点影响下的购买决策行为。首先通过构建理论研究框架，提出相应的研究模型及假设，其次对实证分析模型量表进行设计，通过实证调研获取我国网络市场环境下在线消费者的购买决策数据，以前景理论中的参照依赖特性对在线消费者购买决策的影响，分析了消费者通过网络购买的决策偏好，研究了在线消费者在不同购买参照点的影响下感知到的收益和损失对购买决策的影响，具有一定的理论意义和现实意义。

1. 理论意义

目前，关于参照点方面的研究主要集中于交通方式的选择、交通票价的确定、股票产品的选择以及应用心理学等领域。针对网络市场营销环境下的研究较少，并且大多是关于网络产品拍卖方面，不同参照点对购买决策的影响在实证方面的研究更少，因此为学术研究留下空白。消费者购买决策行为由内外部因素共同作用，是一个涉及心理、社会行为、经济决策等多学科领域的复杂过程，本书在研究过程中借鉴了大量相关学科的研究，可以帮助识别出在线消费者参照点的形成和类别，是对现有研究的创新和延伸。同时，结合中国网络零售市场的调研数据和场景，从市场的角度来实证分析不同的参照点对在线消费者购买决策的影响，将在线消费者的参照点分为隐性参照点和显性参照点，是一种创新的尝试。

本书将前景理论引入网络市场领域，探究不同参照点对在线消费者购买决策时感知收益和感知损失的差异。这一尝试不仅仅在网络营销学领域，而且在心理学方面的研究都是一次有意义的延伸。研究结果不仅为网络市场营销中消费者心理学方面的相关问题和未来的研究提供了一个崭新的视角，而且拓展和丰富了社会心理学领域的前景理论的适用范围。

本书建立了基于不同参照点的在线消费者购买决策模型，该模型是消费者购买决策理论在新时期和新领域的发展。网络市场不同于传统市场，一般需要一个体验和持续消费的过程。本书在传统消费者购买决策模型的研究基础上，结合网络市场情境下数码相机产品的特征以及在线消费者内部的个体偏好特性，构建在线消费者在不同购买参照点影响下的购买决策模型，很大程度上丰富了基于参照依赖的消费者购买决策理论，对在线消费者心理与行为的研究提供了相应的理论支持。

最后，本书结合问卷调研，获取了比较真实的数据，构建了一种较新的阶段性研究框架和整合模型。将在线消费者购买决策心理和行为这个理论联合起来，并用实证研究的方法对在线消费者的购买意愿进行研究。研究购买参照点对在线消费者购买决策的影响，这在一定程度上充实、丰富了在线消费者的购买决策行为理论，同时也丰富了在线消费者的购买决策心理理论。基于以上，本书以网络购物环境为背景，研究不同参照点对在线消费者的购买决策的影响是一个很值得探讨的问题。

2. 实践意义

通过本书的研究，旨在为网络零售商全方位把握在线消费者的购买决策参照点，根据消费者的购买参照点实施网络营销战略提供建议。

第一，探明在线消费者购买决策参照点的形成机理，有助于网络商家更加有针对性地实施营销策略，根据在线消费者的不同购买参照点，为网络零售商按照"趋利避害"的原则调节控制不同参照点的影响力，从而采取有针对性的措施制定营销策略，提升网络商家的竞争力有着重要的意义。

第二，有助于增进对在线消费者购买决策心理的了解。对在线消费者心理与行为方面的研究，除营销学领域的学者外，心理学、电子商务等领域的学者也开始产生了浓厚的兴趣，本书以不同购买参照点对在线消费者决策影响的研究出发，帮助网络商家识别在线消费者购买决策的重要参照点，为网络零售商制定营销策略的重要依据，可以使网络商家在实施营销战略时有的放矢，以便产生更好的销售效果。

第三，从消费者角度而言，有助于消费者更好地选择和购买网络市场的产品，提高消费者的满意度。根据消费者的参照点选择网络市场中相应的产品，能够帮助消费者更容易找到满足其个性化和多样性需求的目标产品，提高消费者的针对性和有效性，降低消费者的金钱和时间等成本，最终推动电子商务市场的快速发展。

第二节　国内外研究现状

一、相关概念界定

参照点：是指消费者在对可能的损益结果作主观估价时会以某个既存的心理中立基点（参照点）为参照，把决策结果理解为实际损益量与心理参照点的偏离方向和程度。表 1-5 是国内外不同学者对参照点的定义。

感知收益：是指消费者从产品或服务中感知到的收益，能够满足消费者特定的心理需求和消费需求，使消费者有一种获得价值实现的感觉（万苑微，2011）。Lee 和 Turban（2001）认为，感知收益会对消费者的购买态度产生直接或间接的影响，进一步会影响消费者的购买意向，是影响消费者网络购物决策的重要因素。本书中指在线消费者通过与不同参照点的对比后，消费者实际感觉到的物质收益和精神收益的总和，是一种主观的感受。反映消费者对于包含着质量、品种、价格、服务等要素的产品的综合满意程度。

感知损失：本书中指在线消费者通过与不同参照点的对比后，消费者实际感觉到的支出总和，是消费者在购买产品的整个过程中涉及的时间、金钱、精力、心理等成本的总和，而不仅仅指消费者支付的产品价格。感知损失与消费者的购买态度和购买意愿呈负向关系。当消费者的感知收益高于其感知损失时，购买行为就会发生。

参照依赖：指个体对收益和损失的价值判断是相对于某一参照点来界定的，在参照点之上，个体感受为收益，在参照点之下，则感受为损失。

损失厌恶：是指等量的损失比等量收益的获得对个体产生的心理效用更大。

表 1-5　参照点的定义汇总

作者	参照点的定义
Helson（1964）	参照点是与其他相关目标测量或对比的中立点
Rosch（1975）	参照点是与已经观察到的刺激物对比的一种刺激
Zhang（2004）	参照点是通过消费者过去的经验和以前的选择为基准，对当前选择的评判
李荣喜（2007）	参照点是人们在对决策方案进行判断和评价时隐含的评价参考标准
董志勇（2005）	参照点是由"锚定心理"产生的，"锚"是人们对信息的选择或综合，既可以是现状、相似的状况、显著难忘的证据，也可以是日常习惯、传统、嗜好以及社会规范，甚至可以是没有任何联系的事物
Tarnanidis Frimpong Marciniak（2010）	参照点（或指示对象）是定位于消费者选择过程中的一个指标或一种刺激。该指标来自两个方面：一方面是市场中的卖方，并以显性参照点的方式表现；另一方面是通过消费者的视角表达，以隐性参照点表现
蒲素（2012）	参照点是在消费者进行判断决策时选取的参照标准，消费者更加关注自身状况与参照标准之间的差别

资料来源：笔者根据文献整理而得。

二、国外研究现状

最早对参照点问题进行研究的是诺贝尔经济学奖获得者 Kahneman 和 Tversky。他们于 1979 年给出了基于消费者选择的参照点依赖理论。他们在期望理论的基础上研究发现，传统期望效用理论并不能完全描述经济行为主体在不确定情况下的决策行为。于是，他们以大学教授和学生为研究对象进行问卷调查，通过实验研究发现，大部分受访者的回答显示出的许多偏好与传统期望效用理论相悖，因此提出了在不确定性条件下另一种价值选择理论——前景理论，该理论认为价值的载体是财富的变化而不是最终状态，这种变化根据对参照点的偏离程度来定义。价值的载体是相对于一个参照点定义的"收益"和"损失"，也就是说，实际情况与参照水平之间的相对差异比实际的绝对值更加重要。Kahneman 等提出的研究思想为后续关于消费者参照点的研究提供了重要的理论依据。

在市场营销方面的研究中，Boles 和 Messick（1995）研究发现，如果消费者的决策结果高于一个参照点而低于另一个参照点，个体评价结果时就会形成矛盾的情感体验，有可能导致结果偏差反转。Ordonez 等（2000）研究发现消费者能够在多个参照点存在的情况下考虑产品的效用价值。他们从参照依赖（Reference Dependence）出发，认为产品的"价值"不仅仅依赖于其绝对水平，相反地，产品价值更多的是依赖于该产品上给予参照水平形成的收益和损失的大小，也就是说，消费者对产品的收益和损失的感知主要取决于他们的出发点。Ulaga 和 Chacour（2001）研究发现，消费者感知价值是在具体的使用过程中，买方组织的关键决策参照竞争产品对其供应商所提供的产品的利得与利失进行的多重权衡。Koop 和 Johnson（2010）等通过使用多重参照点分析了消费者在风险决策中的运用。

在以价格作为参照点的研究方面，Tull、Boring 和 Gonsior（1964）通过一系列的实验来验证价格与质量之间的关系。他们要求消费者在不同的参照价格下对产品的质量进行判断。这些不同的参照价格是他们经常购买的品牌的价格。最终研究发现产品类别中的参照价格应该是基于一个品牌价格信息。Olander（1970）认为，消费者会把所要购买商品的价格与以往最经常支付的价格作比较，从而形成对于给定价格高低的感知。Thlaer（1985）认为，参照价格对消费者需求的影响是通过动态比较参照价格和当前的市场价格。Bucklin 和 Lattin（1991）研究认为，参照价格与消费行为心理和价格感知理论一致，包括更新水平理论和吸收比较理论。Greenleaf（1995）研究认为，商家在参照价格的影响下，应采用长期的最优促销策略使其销售利润最大化，并认为参照价格能够促进产品销售。Vakrat 等（1999）通过实证研究的方法，使用 eBay 拍卖和固定价格交易数据的对比发现，网络商家同时使用两种方式销售同种产品时，拍卖的成交价格普遍低于固定价格，平均为 25%。Chandrashekaran（2001）研究发现，消费者进行选择时并没有形成统一的、综合的、定义好的参照价格，相反地，参照价格效应可能是由多个参照点，以非联合的形式作用于消费者选择。虽然可能受到多个参照价格的影响，但对消费者选择而言，其中的某一类参照点可能发挥了最主要的作用。Gallien（2002）通过数值模拟比较了多种产品销售下固定价格和拍卖的交易机制，研究发现当销售产品数量较多并且消费者对时间的敏感度较大时，固定价格要优于拍卖。Etzion 等（2006）在理论方面构建了存在固定价格销售时竞拍者的估价函数，并考虑到消费者的时间成本，研究发现网络商家如果同时采取拍卖和固定价格销售要优于只使用一种交易方式，因为拍卖可以发挥价格歧视的作用。Moon、Russell 和 Dueeuri（2006）研究消费者价格参照点时，通过实验将价格参照点分为三种类型：没有参照价格、以过去购买后记忆的价格作为参照点（记忆参照价格）、以促销方式激励的价格作为参照点（激励参照价格）。实验研究发现：第一，大多数消费者购买前会以某种价格作为自己的参考标准；第二，以记忆价格作为参照点的消费者对价格更加敏感。Leszczyc 等（2009）采用实证研究发现，eBay 采用的"Buy It Now"方式具有价格参考的作用，作用程度的大小受商品价值高低和价值评估难度的影响。Baucells 等（2011）通过实验研究消费者在大量的信息中如何形成价格参照点，以投资者购买股票和债券为例，构建了五种影响参照价格的因素，分别是：以前的购买价格（PP）、当前价格（CP）、平均价格（AIP）、最高价格（HP）和最低价格（LP），研究发现，消费者对以前的购买价格和当前价格最敏感。Zhang 等（2013）在《参考价格效应下的供应链协调联合广告》中认为，广告对消费者的参照价格有着积极的影响，会提高消费者心目中的参照价格。在考虑是否购买某产品时，消费者心目中的参照价格起着决定性的作用，参照价格代表了消费者对产品的评价。

其通过构建动态协调广告模型，研究发现：第一，稳定的参照价格一般高于市场价格，但以前的相关文献中通常认为参照价格等于市场价格；第二，由于广告对消费者参照价格的影响较大，商家应该投入更多的广告进行促销。

参照点效应的研究还被应用于消费者购买股票和债券方面。Kwon 和 Lee（2009）研究金融产品的选择购买决策，认为消费者购买金融产品需要权衡风险和收益的大小。他们选择了两种参照点进行比较：风险较高的参照点（Riskier Reference Point）和较安全的参照点（Safer Reference Point）。研究结果表明，较安全的参照点比高风险的参照点会更加吸引消费者的注意。Enrico 等（2011）在研究基于损失避免的状态依赖参照点时发现，如果不考虑损失避免效应，参照点完全是内生的，那么最优参照依赖路径与消费者的最优消费路径相同，但由于损失避免效应的广泛存在，作者认为参照点还包括重要的外生变量或对新信息的调节内容，基于此构建了消费者购买股票和债券的参照依赖选择模型。

参照依赖还体现在禀赋效应中。禀赋效应是指个体对自己所拥有的物品的价值评估高于没有拥有该物品时的现象。Thaler（1980）最早使用损失规避（Loss Aversion）的概念来解释禀赋效应，他们通过实验研究发现，人们在出售某物品时可以接受的最低价格（WTA）明显高于他们为了得到物品而愿意支付的最高价格（WTP），并且 WTA 远大于 WTP。Amir、Carmon 和 Ariely（2008）进一步研究发现，WTA/WTP 的比值一般在 2~5。这主要是因为在交易中，卖方把出售商品作为损失，买方把金钱的付出作为损失，双方为了避免损失带来的心理不适感，卖方倾向于提高卖价，买方则倾向于降低买价，因此导致了禀赋效应的出现。由于损失避免具有参照依赖的特性，个体选择的参照点不同，感知到的收益和损失结果也不同。

三、国内研究现状

国内在参照点方面的研究相对略显滞后，且多集中于理论研究和实验研究。本书对国内相关的研究进行梳理，整理出一些具有代表性的研究。

何贵兵、于永菊（2006）以战略参照点理论、展望理论以及Ordonez等关于多重参照点的研究作为基础，从认知角度研究风险决策中的多重参照点效应，该研究采用风险投资决策任务，主要从时间维度、内在维度、外在维度三个方面设置了参照点。

邹燕、郭菊娥（2007）在考虑消费者购买攀比心理的基础上，给出了一个内生的并纳入更多消费者行为特征的参照点，将价值函数和期望理论应用于实证研究。研究结果表明，在网络市场环境下，由于信息的获得更为便利，以及消费者的损失避免效应，消费者对网络市场中产品的参照价格更加敏感。

李荣喜（2007）在传统市场情境下建立了基于参照点的消费者选择模型，验证了多属性的消费者选择的参照效应，并分析了参照效应对消费者选择概率的影响。另外，通过实验的研究方法验证了基于多属性参照点的消费者选择行为特征，验证了消费者在多个属性上存在损失避免效应和敏感性递减等特征。

梁承磊、李秀荣（2012）研究了参照群体对消费者冲动性购买行为的影响，结果表明，参照群体的建议和人数会影响消费者的冲动性购买行为，在影响过程中规范性评估起到中介作用。

冯颖（2012）依据参照依赖的理论研究了轨道交通票价的弹性价格，通过弹性不对称程度（损失厌恶系数）的变化，反向确定全体或某层次出行者对轨道交通票价的预期（群体的参照点），最终确定出轨道交通票价可行的变动范围。

其他国内外参考文献内容汇总如表1-6所示。

表 1-6　主要参考文献汇总

作者	研究内容	主要发现
Kahneman Tversky（1979）	心理学实验研究	价值函数并不是一般传统理论所重视的期末财富，而是相对于某个参照点的收益和损失。价值函数主要包括两部分，一个是确定参照点，另一个是基于参照点的相对变化量
Ordonez（2000）		研究了参考价格与产品价格、质量属性相关性之间的关系。研究结果表明，参考价格受到消费者对价格—质量相关性认识影响
Alford Engelland（2000）	以网球鞋为例	研究了各种价格信息对参考价格最终形成的影响。研究结果表明，不可信的价格信息不会对参考价格产生影响
Dholakia Simonson（2005）	理论研究	首次提出消费者在购买决策时会同时使用显性和隐性参照点，参照点是个动态的结构，并且随着新信息的出现而不断地更新和变化
Moon Gary Duvvuri（2006）	以不同品牌的卫生纸为研究对象	从价格的得失和促销效应两个方面，将价格参照点分为基于内部记忆的参照点和基于激励的外部参照点，结果表明以内部记忆为参照点的消费者对参照价格更敏感
David Danling Sony（2008）	股票市场的价格参照点	股票市场的价格参照点的变化，从 30～36 美元、24～30 美元，参照点的更新是不对称的，收益的变化程度远大于相同规模损失的变化
Bruno（2008）	旅行消费者	设计了参照依赖偏好的理论测试，研究消费者在价格和旅行时间之间的权衡，模型采用了四种价值测量方法：支付意愿（WTP）、接受意愿（WAT）、等量收益（EG）和等量损失（EL）。消费者根据参照点来衡量自己的得失
Kyoung Jinkook（2009）	金融产品：银行存款（高利率、长期、无撤回；低利率、短期、可撤回）	基于消费者拥有的知识（主观和客观）和风险倾向，对参照效应的调节。安全的参照点增加了对焦点产品的吸引，但有风险的参照点并不会被吸引。主观知识和客观知识能够调节（moderate）参照点的效应。将参照点作为操纵因素，主观知识、客观知识和风险习性作为测量因素

续表

作者	研究内容	主要发现
Debra Christopher（2003）	以录像机（VCR）为研究对象	根据期望理论的参照点假设消费者的购买决策过程，提出五个假设。研究结论表明，个人不同的因素以及自我期望会影响消费者参照点的形成
Koop（2010）	理论研究	通过使用多重参照点分析了消费者在风险决策中的运用。认为个人在制定决策时，会有多重参照点。个人现状对参照点的影响很大，除此之外，目标和期望对参照点的确定也有影响
苏伟（2012）	网络购物体验	在前景理论的视角下从心理账户、框架效应、关联效应、有限意志四个方面提出了具体的体验营销策略
冯颖（2012）	轨道交通票价	依据参照依赖理论，研究轨道交通票价弹性。通过票价弹性不对称程度，即损失厌恶系数的变化，反向确定全体或某层次出行者对轨道交通票价的预期（群体的参照点），最终确定出轨道交通票价可行的变动范围

四、对现有研究的评述

通过对相关研究的整理发现，参照点对购买决策的影响研究有一定的优点和不足，主要体现在以下几个方面：

（1）针对价格属性方面，基于参照点的消费者购买决策研究虽然已经有较长时间的研究，但并没有形成统一的结论。一些学者认为在价格属性上消费者的购买决策一定存在损失厌恶，但另一些学者却得出了相反的结论，他们认为由于不同的消费者针对价格下降的感知不同，当价格降低时，不一定能给这些消费者带来损失的感知，因此在价格属性上并不一定存在损失厌恶。

（2）目前基于参照点的营销方面的研究主要集中在传统实体店市场，针对在线消费者基于参照依赖的购买决策影响研究尚无系统的理论建构与实证研究，尤其是在中国的文化背景和网络市场环境下。

（3）由于非价格属性不像价格属性那样容易测度，非价格属性变化时，消费者购买决策的测度也非常困难。基于此，在非价格属性上有关参照点的消费者购买决策行为在国内外的相关研究非常少，本书还将探讨非价格属性的购买参照点对在线消费者决策影响的行为特征。

第三节　研究目标和内容

一、研究目标

消费者作为市场和竞争的最终裁判，是整个网络营销的核心，决定着市场竞争的胜负成败。目前关于在线消费者的心理、动机以及信任等方面的研究较多，但不同参照点对在线消费者购买决策的影响因素的研究并不多，且这些已有的研究更多地从定性方面进行，而通过实验定量以及实证研究进行的并不多。本书主要的研究目的是从在线消费者角度出发，研究消费者参照对象的选择对购买决策的影响，简言之就是讨论以下几个问题：在线消费者参照点形成的影响因素是什么？个体差异不同会对参照点的选择有什么影响？消费者对隐性参照点怎么比较？显性参照点怎么比较？不同的参照点对消费者的购买决策有何不同的影响？旨在探索影响在线消费者购买决策的主要参照点，找出影响在线消费者购买决策的关键因素。在此基础上，提出网络零售商家的营销对策。具体而言，本书研究主要目的有以下几点：

（1）探索在线消费者购买参照点的形成原因。到目前为止，对于在线消费者参照点的形成机制，学者们的观点主要集中在传统市场上的价格，得出的结论也不尽相同。本书力求在众多学者研究成果的基础上，通过消费者访谈和实证研究的方法，探索在线消费者参照点的具体影响因素，为进一步明确在线消费者参照依赖模型的构建提供理论和实证上的支持。

（2）在线消费者购买参照点对其购买决策模型的构建。本书从价格、框架效应、产品品牌属性、产品评论、消费者目标、消费者偏好六个方面作为消费者网络购买决策的参照点，根据相关文献构建在线消费者购买决策模型，同时提出相应的研究假设。

（3）购买参照点对在线消费者感知收益和感知损失的影响研究。不同购买参照点对在线消费者产生收益和损失的影响是否一致？感知收益方面，哪些购买参照点会对在线消费者购买决策产生影响？感知损失方面，哪些参照点会对在线消费者购买决策产生影响？本书试图通过实证研究的方法解决以上问题。

（4）从网络零售商家实际情况出发，基于文献阅读和实证分析的基础上，提出促进网络销售的营销建议。

二、研究内容

本书主要围绕不同参照点对在线消费者购买决策影响因素展开研究，根据研究目标和概念界定，本书的研究内容分为以下几个部分：

第一部分：绪论。本部分首先提出本书的研究背景和意义，研究目标和研究内容，研究方法、技术路线以及可能的创新之处。重点论述了国内外参照点相关研究以及在线消费者购买决策研究。

第二部分：在线消费者购买参照点的形成和分类研究。本部分综合国内外相关理论研究成果，首先对与参照点形成的相关理论进行了分析，通过各种理论基础分析了在线消费者参照点的形成机制，通过对在线消费者访谈和实证调研的方法验证了这些影响因素。最后将在线消费者的购买参照点归类总结为显性参照点和隐性参照点。显性参照点包括价格参照点、框架效应参照点、产品品牌属性参照点、产品评论参照点；隐性参照点包括目标参照点和消费者偏好参照点。

第三部分：构建在线消费者购买参照点对其决策的影响模型。本部分主要根据显性参照点和隐性参照点对在线消费者感知收益和损失的影响，构建在线消费者购买参照点对其购买决策的理论模型，并在理论模型的基础上，提出相关的研究假设。

第四部分：不同参照点对消费者购买决策的影响实证研究。为了验证第三部分的模型和假设，本部分主要进行了调研问卷的设计。首先简要说明问卷设计与数据收集的流程；其次结合国内外学者的研究成果，明确界定问卷中的各种变量；最后借鉴国内外学者比较成熟的量表进行本书问卷题项量表的设计与开发，通过对小规模问卷数据的探索性因子分析和信度分析，剔除问卷中不合理的题项，并对语句进行修正调整，最后形成最终的正式问卷。

第五部分：问卷样本分析与评估。在对样本资料及其信度和效度进行分析的基础上，首先，使用 PASW Statistics18.0 对数据进行因子分析，解决在线消费者不同参照点的影响重要程度问题；其次，运用 AMOS17.0 软件构建不同参照点对在线消费者购买决策影响的结构方程概念模型，并通过模型识别、估计、评价和修正，得到在线消费者基于不同参照点感知收益和感知损失的结构方程模型路径图。通过对模型的阐释分析，找出购买参照点对在线消费者购买决策影响的内部结构关系，并对假设进行验证。

第六部分：结论、网络零售企业营销建议及进一步的探讨。本部分在总结以上主要观点和结论的基础上，对网络零售企业的营销策略给出相应的建议，并对本书研究的创新之处进行了归纳总结，同时指出本书研究的不足之处以及有待进一步研究的问题。

第四节　研究方法和技术路线

一、研究方法

为了获取较为准确、客观的研究结论，本书主要运用了规范研究和实证研究相结合的方法，具体的研究方法如下：

1. 文献调查研究

本书为了探索购买参照点对在线消费者决策的影响机理，通过大量阅读相关的参考文献，尤其是近年来国际一流期刊上的相关论文，全面了解和梳理这一领域的研究成果，从中找出了本书研究的突破口和切入点。

文献分析的方法具体包括文献查找、文献整理和文献综述三个步骤。在文献查找的过程中，笔者主要依托中国农业大学图书馆的电子资源库，分别检索了中文文献和英文文献。在英文文献的检索中，笔者使用了关键词为"Reference Points""Prospect Theory""Online Consumer"等来检索有关在线消费者参照点的论文；使用了"Reference Dependence""Loss Aversion""Sensitivity Diminishing"等关键词来检索有关参照点的三方面重要性质；使用了"Theory of Reasoned Action"　"Theory of Planned Behavior""Technology Acceptance Model"等关键词来检索有关消费者购买决策模型的相关文献。在中文文献的检索中，笔者使用了"电子商务""在线消费者""参照点""参考点""参照依赖""损失厌恶""敏感性递减""消费者购买决策"等关键词来搜寻有关在线消费者购买参照点方面的相关论文。

在文献的搜集整理过程中，本书首先对有关消费者参照依赖、损失厌恶和敏感性递减等相关文献进行比较、详细的归纳和整理。所涉及的文献主要用于以下两个方面：第一，通过对不同文献的研究，对前景理论、在线消费者参照依赖、在线消费者损失厌恶和在线消费者敏感性递减等概念及理论进行界定；第二，通过梳理相关文献，对本书研究的关键问题进行澄清和提炼。

2. 理论分析研究

本书主要运用前景理论进行探索性研究，通过获取中国网络情境下，购买参照点对在线消费者购买决策影响的第一手资料，界定出显性参照点和隐性参照点的内容，以及购买参照点对消费者感知收益和损失的影响因素，进而构建出购买参照点对在线消费者购买决策影响的理论模型，结合文献研究和前景理论的研究结果提出相应的假设。

3. 问卷调查研究

本书采用问卷调查法，了解在线消费者购买参照点对感知收益和感知损失的影响，验证理论模型中购买参照点对在线消费者购买决策的各条影响路径。首先，本书在文献研究、理论分析和前景理论研究结果的基础上，结合访谈资料和已有成熟量表设计出初始的调研问卷，通过小规模访谈后，征求调研对象的反馈意见，据此进一步修改问卷，最终形成问卷终稿。其次，将问卷通过问卷星网站以及线下纸质问卷进行大规模的发放和回收，通过对消费者的问卷调研所获得的数据资料进行各个变量测量分析，为模型验证提供数据支持。在具体的分析过程中，本书主要使用PASW Stastics18.0 和 AMOS17.0 结构方程模型作为统计分析研究的工具，首先对问卷的信度与效度进行初步检验，其次进行描述性统计分析、回归分析等方法对研究假设进行检验，最后对调研数据进行处理，验证已构建的理论模型。

二、技术路线

本书综合运用消费者心理学、管理学、计量学以及社会学中的相关理论和研究方法，根据本书研究的需要，设计了具体的技术路线，技术路线如图 1-2 所示。

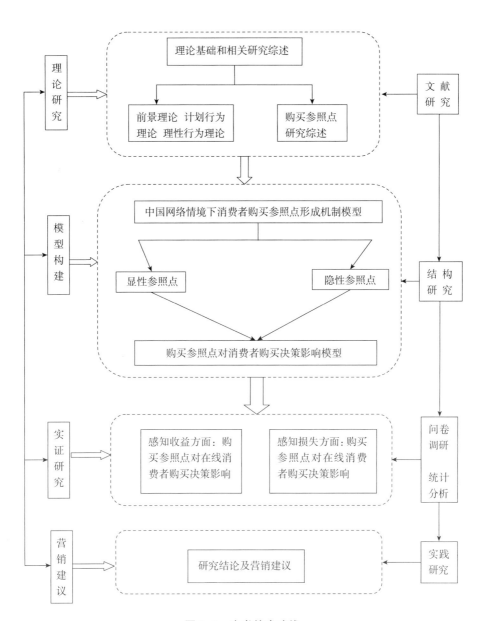

图 1-2　本书技术路线

第二章

购买参照点的形成机制分析

在线消费者购买参照点的形成过程是一个涉及多维度、多因素的复杂过程。目前对在线消费者购买参照点的形成过程大多是从理论方面进行的。本书通过总结前人的研究成果，主要从前景理论方面分析在线消费者参照点的形成机制，并通过访谈和实证研究的方法确定我国在线消费者购买决策参照点的形成机制。

第一节　购买参照点的形成机制

在本节中，主要分析前景理论及其与参照点有关的三个重要特性：参照依赖、损失厌恶和敏感性递减特性。通过对国内外相关领域文献的收集和整理，以期明确在线消费者基于参照点领域的研究现状，总结当前研究的成果和不足，在此基础上对在线消费者参照点的理论形成原因进行初步分析研究。

一、期望效用理论的不足

期望效用理论（Expected Utility Theory）是研究不确定条件下决策问题的规范性理论，它的一个核心理论是，假定所有的行为决策都是"完全理性人"，该理论的首要条件是应该具有明确的决策者以及确定的备选方案，如果使用效用描述备选方案对决策者的吸引程度，决策者一定会选择期望效用最大的方案，也就是追求效用最大化。期望效用理论在风险决策分析中占有重要的地位，学者们普遍认为期望效用理论是一个理性选择的规范模型，被广泛应用于经济行为的描述性模型中。该理论假设消费者个体的决策行为与当前状态和以往经历无关，消费者是完全理性并以追求期望效用最大化为目标。但是许多学者通过心理学和行为科学的研究表明，个体的实际决策行为与期望效用理论并不一致。例如 Kahneman 和 Tversky（1979）认为，消费者的购买选择行为不仅仅与当前的状态有关，更主要的是依赖于某个参照点。他们选择高校老师和大学生作为研究对象，编制了相应的调研问卷，研究发现大部分被调研者的回答与传统期望效用理论并不一致，作者根据这个反常现象提出了著名的前景理论，即在不确定条件下的另一种价值选择理论。前景理论中强调的重点是：价值的载体是财富的变化而不是其最终的状态，而且财富变化主要根据决策者对参照点偏离的程度衡量。他们更进一步研究发现，决策者与参照点对比后产生的收益和损失的心理效用也不同，损失的心理效用要大于等量收益的心理效用，这种现象也就是著名的损失规避效应。

图 2-1 中表达了前景理论中消费者的选择悖论。在图 2-1 中，首先考虑图（a）和图（b）中的选择情境，在这两种情境下确定消费者的偏好。图（a）中通过实验，大多数被试者对上分支展现出比较清晰的风险规避偏好。图（b）中，大多数被试者对下分支展现出风险追逐的偏好，从这幅图可以看出，这偏离了消费者具有损失厌恶的经济学假设。同时，从图中也可看出，消费者在收益和损失情况下对待风险的态度并不相同。在图（c）中，要求被试者必须在与图（b）相同的两个损失前景之间做出决策，但最新的消息说 100 美元的退税已经添加到了你的银行账户中。在收到这个消息后，消费者在两个损失前景之间会做出什么样的选择？根据心理账户理论，大多数人会将这个财富与现在的前景分类，会再次展现出风险寻求，选择与图（b）相同的下分支。但是，如果决策者的选择依赖于你的最终财富（资产整合），这就会与经典理论相符，然后就会做出与图（a）一样的选择，此时大多数被试者又会变成风险规避的，这样就产生了矛盾。

二、前景理论的主要内容

Kahneman 和 Tversky（1979）根据期望效用理论在解释个体行为决策中存在不足的基础上，从认知心理学的角度提出前景理论（Prospect Theory）。有些学者将 Prospect Theory 翻译为展望理论或者预测理论，本书统一用前景理论作为 Prospect Theory 的中文翻译。该理论中的效用测度是建立在参照点基础上的价值判断，与期望效用理论相比，更符合实际并且更能

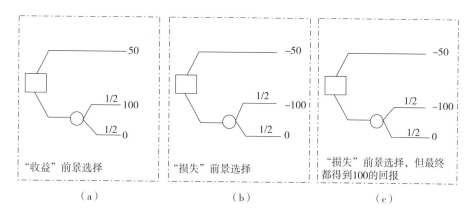

（a） （b） （c）

图 2-1 前景理论中消费者的选择悖论

资料来源：张蕾（2012）。

准确地描述和解释不确定情况下消费者的购买决策行为。

前景理论主要是从价值的变化量，也就是收益和损失的角度来研究消费者的购买趋向。前景理论直接将人们的决策行为以及个体的心理感知等因素融入决策行为分析中。他们在前景理论中构建的价值函数不同于传统效用函数，前景理论中分别用价值函数 $V(x)$ 取代了效用函数 $U(x)$，用权重函数 $\pi(p)$ 取代了概率（见图 2-2）。该理论指出，决策者在进行未来的风险选择时，他们通过价值函数来进行价值的评估。前景理论中价值函数的特点主要体现在以下几个方面：

第一，价值载体中感知到的收益和损失是相对于参照点而言的，价值函数的衡量主要依据与参照点的偏离程度，最终消费者各种可能的决策结果并不是期望效用理论中最终财富的多少，而是相对于参照点的收益和损失。

第二，从图 2-2 中可以看出，在参照点附近损失比收益显得更加陡峭，亦即 $[v(x) < -v(-x)，x > 0]$。表明消费者损失一笔钱所带来的痛苦要比获得同等数量的一笔钱所带来的喜悦更大，即等量损失的痛苦要大于收益带来的快乐，这就是损失避免现象。将该理论应用在市场营销领域为消费者如果发现市场出售产品的价格高于自己的价格参照点，他会将其视为损失；与此相反，如果消费者发现市场出售产品的价格低于自己的价格参照点，则会将其视为一种收益。消费者中意的产品涨价给消费者带来的痛苦要大于等幅降价带来的喜悦。而且，消费者被参照价格的影响是持续存在的。

第三，价值函数在零点的左侧，即损失区域内，函数图像是上凹的（$[v''(x) > 0, x < 0]$)，但在零点的右侧，即收益区域内，函数图像是下凹的（$[v''(x) < 0, x > 0]$)，这表明无论是收益还是损失，其边际价值都会随其不断增大而减少，这种现象称为敏感性递减。敏感性递减性质类似于传统经济学中的边际效用递减，但由于敏感性递减性质主要是在有参照点的前提下得出，边际效用递减性质并没有考虑存在参照点的情况下，无差异曲线下凸的性质，因此敏感性递减和边际效用递减之间并没有逻辑上的关系。如果将敏感性递减性质应用于市场营销方面，则是指消费者做出的购买决策结果与参照点的偏离程度。

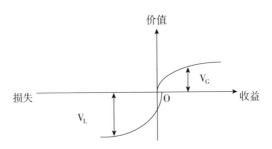

图 2-2　前景理论中的价值函数

资料来源：Kahenman 和 Tversky（1979）。

三、参照依赖性质

参照依赖是指消费者以某个或几个现实存在的参照点作为决策依据，并将预期所获利益和参照点的比较判断作为决策结果。当感知的结果大于参照点时，消费者将其视为收益，从而选择购买网络产品；当感知的结果小于参照点时，消费者将其视为损失，但如果该损失处于承受范围之内，消费者会继续选择购买网络产品，如果无法忍受，则拒绝购买。在网络市场环境下，消费者依据参照点对产品的购买决策过程如图 2-3 所示。

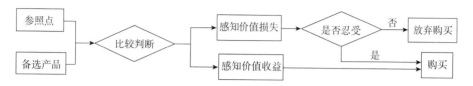

图 2-3　参照依赖对消费者购买决策的影响

在有关参照依赖的研究中，Winer（1986）提出了基于参照价格的消费者选择模型，模型采用观察到的价格（实际价格）和参照价格作为影响消费者购买可能性的影响变量。李荣喜（2007）建立了包含参照效应的消费者需求和产品定价模型，并给出了模型的解，探讨了价格参照效应对企业产品定价的影响和相关的建议。蒲素（2012）利用折中效应和吸引效应，构建了双参照点情境，分别以产品功能和品牌作为消费者决策的参照点，检验在这两个参照点的影响下，折中效应和吸引效应是否依然稳健，在具体的实验研究中还引入不同的产品品牌对消费者购买决策的影响。然而上述消费者购买参照点市场营销方面的研究主要集中于传统市场，随着互联网呈现出全球化的特征，网络市场的交易不再局限于特定的地域，消费者对产品也有了更多的选择，从而会进行更多的购买比较，但在我国的网络市场方面，针对在线消费者购买决策参照点方面的研究并不多。

四、损失厌恶性质

1. 概念的提出

Kahneman 和 Tversky（1979）从认知心理学的角度研究消费者的购买决策行为，通过实验证实损失厌恶是个体决策中所体现出来的一种普遍存在的特征。损失厌恶（loss aversion）是指决策者同时面对同等数量的收益和损失时，与所获得的收益相比，遭受损失会使个体更加难以忍受，他们通过实验证明，相同数量的损失给决策者带来的负效用，是相同数量收益带来的正效用的 2.5 倍。损失厌恶描述了消费者对损失和收益的不同态度，强调了面对同等数量的损失和收益时，损失比收益对个体产生的心理效用更大。有关收益与损失之间区别的主要实证现象就是损失厌恶，这意味着人们对损失更加敏感。在消费者的行为偏误中，损失厌恶现象最为稳健和显著。正如 Smith 在其《道德情操论》中提出的："人们由好变坏时所承受的痛苦，要强于人们由坏变好时所体验到的快乐。"

如果消费者认为某种产品能够带给他更多的收益和效用，那么这个消费者就会选择购买该产品，消费者对收益的感知主要取决于消费者对该产品的感知价值而不一定是产品的实际价值（Zeithaml，1988）。价格是指消费者为获得某些产品或服务，而必须放弃的货币，消费者对于购买决策的结果的不确定性定义为感知损失，货币价格是立即的支出，但损失却代表一种未来不确定的可能花费或遭遇，损失成本会对消费者购买决策带来显著影响（Wood and Lisa，1996），损失带给消费者的痛苦比相对大小的收益带给他们的欢乐更大。消费者在进行购买决策时，会在得与失之间进行权衡，即感知收益和感知损失有可能会同时出现。损失厌恶同时能够表达出决策者在对待风险时显示出不同的决策偏好，表现出一种博弈行为，有些决策者会表现出风险厌恶，有些决策者则表现出风险追逐。例如在消费者认为购买行为会获得收益时，就表现出风险厌恶行为；但当消费者认为购买行为会带来损失时，就会表现出风险追逐行为。消费者具体的表现如表 2-1 所示。

表 2-1　在线消费者风险博弈

概率　　　　情境	收益	损失
低	风险追逐	风险厌恶
高	风险厌恶	风险追逐

Kahneman 和 Tversky（1979）根据参照点偏差对价值函数进行假设，进一步指出价值函数是非线性的，收益曲线通常呈凹形，损失曲线呈凸

形；损失曲线要比收益曲线更陡峭，曲线在参照点处最陡峭，价值曲线呈S形。在价值函数中，主观参照点对消费者个体的风险态度起着重要的作用。当总价值量大于主观参照点时，个体便将此定义为收益，倾向于风险厌恶；当总价值量小于主观参照点时，个体便将其定义为损失，倾向于风险寻求。

国外学者对损失厌恶的行为特征进行研究时，主要通过模拟或实验研究。例如 Bernard 等根据累积前景理论，研究了最优投资组合选择，并得出最优权重。还有一些学者将损失厌恶概念运用到企业的定价与订货决策中，如 Schweitaer 等在基于损失厌恶的单个企业的订货与定价决策研究中发现，当忽略缺货损失时，损失厌恶的订货量比损失中性的订货量小。马会礼、文平（2019）在最优订货量模型中构建了损失厌恶型报童，研究比较发现，随着损失厌恶程度的增加，报童的订货量会越来越少。

Sharpe 等（2008）以消费者购买软饮料作为研究对象，当删去最小号的饮料瓶或者加入一个更大号的饮料瓶时，由于消费者的价格不敏感和极端厌恶会使消费者增加消费。黄敏学等（2003）针对网络市场环境进行了研究，发现在网络市场环境下也存在损失厌恶现象。根据损失厌恶理论，低于参照点的决策结果具有比高于参照点的决策结果更多的影响权重，在线消费者在购买决策过程中会显现出极端损失厌恶的现象，并且极端选项的缺点比其优点显得更加突出。

在网络市场环境下，消费者的感知风险会因购买产品的不同而存在差异。具体产品的品质属性和价值会影响与产品相关的感知风险。同时，消费者感知到的在线风险会因在线购买产品的不同而存在显著性差异。消费者损失厌恶对网络市场的含义涉及网络商家的策略性定价、网络商家对产品的定位以及对产品质量的选择等。损失厌恶型的消费者并不喜欢与参照点有较大的偏离。

2. 损失厌恶相关的消费者行为偏误

消费者购买决策行为的原则是为了追求效用和价值最大化，也就是说，每个消费者决策都是希望自己尽可能有更多的"得"，同时又尽可能避免"失"。陈峻松（2009）将消费者的"得"归纳为直接收益和未发生的损失；消费者的"失"则包括直接损失和未得的收益。损失厌恶在心理学方面的研究表明，一般情况下个体总是倾向于规避损失，同等数量的损失，相当于同等数量收益的2.5倍，这种心理和行为倾向不仅在风险领域会发生，在非风险领域也会有所体现。损失厌恶作为个体决策时具有的一种普遍存在的特征，被广泛应用于解释现状偏差、禀赋效应、愿意支付的价格和愿意接受的价格之间的差异。表2-2总结了在损失厌恶方面重要的应用研究。

表2-2　损失厌恶方面的应用

应用	作者
禀赋效应	Thaler
现状偏差	Samuelson 和 Zeckhauser
愿意支付的价格和愿意接受的价格之间的差异	Thaler
金融市场中的证券定价	Barberis、Huang 和 Barberis
个体投资中的处置效应	Barberis 和 Xiong

资料来源：笔者根据周嘉南（2009）整理而得。

3. 损失厌恶系数

损失厌恶主要描述的是消费者对待收益和损失所持有的不同态度，当消费者面对同样的收益和损失时，消费者更加不能忍受的是损失的发生。学者们在进一步的研究中，使用具体的数量指标衡量损失厌恶的程度，但衡量损失厌恶的系数并没有统一的标准。主要是因为研究者选择的参照点存在偏差，因此在损失厌恶系数的数值上，各项研究差异较大。本书整理了一些重要参考文献中的损失厌恶系数（见表2-3）。

另外，在某些时候，由于决策的性质不同，决策者并不将属性值低于参照点看作"损失"，因此决策个体并不会表现出明显的基于参照点的损失避免效应，Novermsky等将这种现象称为"损失避免的有界性"。

表 2-3　不同的损失厌恶不对称系数

序号	研究者时间	分析水平	不可测的异方差	研究对象	ERP（λ）	IRP（λμ）	比率（μ）
1	Moon Russell Duvvuri（2006）	个体	潜在类别结构异质性	卫生纸	18.04	4.88	0.27
2	Pauwels Srinivasan Franses（2007）	总体	无应用	20 种产品组合	0.91	0.59	0.65
3	Briesch（1997）	个体	潜在类别	洗衣液的 ERP 和 IRP 报告	0.44	0.2	0.47
4	Hardie Johnson Fader（1993）	个体	未检测	橘汁	1.66	1.46	0.88
5	Patricia Tovar（2009）	总体		贸易政策的制定	2	0.88	0.88
6	Mazumdar Papatla（1995）	个体	确定性分节	人造黄油和洗涤剂	人造黄油产品中，当 μ 约为零时，λμ 几乎为零；洗涤剂产品中，当 μ 非常大时，λμ 也非常大		
7	Bell Lattin（2000）	个体	潜在类别	橘汁和其他 11 种产品	12 个品种中的 7 种在 ERP 中存在损失避免，12 种在 IRP 中均不存在损失避免		

资料来源：笔者根据文献整理。

五、敏感性递减性质

1. 概念的提出

敏感性递减是指随着时间的推移，远离当前时间点的理性决策在当前时间点仍被认为理性的程度。韦伯—费希纳定律指出，对于两个刺激物的辨别能力并不是取决于两者差异的绝对值，而是取决于差异的相对值的大小。无论是收益还是损失，其边际心理价值随其不断增大而减少，消费者的评价会表现出敏感性递减的特点。本书从消费者针对价格参照点和网络购买时间两个方面来验证在线消费者的敏感性递减维度。

2. 敏感性递减相关研究回顾

前景理论认为人们对待经济性激励是"敏感性递减"的，因此采用纯粹的经济性激励并不能总是带来好的效果。敏感性递减的内涵是，消费者分别在收益和损失区间内，边际效用随着其远离参照点的距离而递减。例如，某产品的价格如果从 100 元上升到 200 元时，消费者会认为 200 元的价格难以接受，但如果某产品价格从 1100 元上升到 1200 元时，这种情况下，消费者并不认为 1200 元的产品价格难以接受，这主要因为在通常情况下，消费者感知收益和损失的分界点是零元。

Krishnamurthi 和 Lakshman 通过实证调研的方法研究了消费者在价格参照点和商品品牌选择下的购买价格，研究了在购买数量决策下，对于收益和损失的差异表现出了非对称性，亦即具有不同的敏感性。研究发现，在品牌的购买决策中，对某一品牌忠诚的消费者，对于收益和损失的敏感性是相同的，但对任何品牌都不忠诚的消费者，则对收益的反应要比对损失的反应更加强烈。在对购买数量决策中，品牌忠诚的消费者被认为对于收益和损失的反应是非对称的。

李荣喜（2007）通过实验研究的方法，建立了传统实体环境中基于参考点的消费者选择模型，验证了消费者的购买选择过程中存在参考效应。尤其是在非价格属性上，基于消费者购买参照点的选择存在显著的损失避免效应和敏感性递减特征。

第二节　购买参照点形成的影响因素

本书在研究参照点的形成原因时，主要借鉴学者 Dholakkia 和 Simonson（2009）对参照点的研究，结合我国网络市场的特点进行分析。我国在线消费者购买参照点的形成影响因素主要包括两个方面：网络商家特征和在线消费者特征。本节首先进行购买参照点形成影响因素的细分，其次通过我国在线消费者访谈、实证问卷调研，进一步得到在线消费者参照点的形成维度。

在市场营销领域，参照点是消费者对网络市场不确定性认知的一种衡量指标，是消费者在网络购买过程中主观心理状态的一种反映。消费者在购买决策过程中一般会产生高兴、失望或者后悔等不同的心理状态，这些会影响以后类似的购买决策行为，甚至面临相同的决策情境形成的购买参照点也可能不同。参照点不仅与消费者的个性特征和决策情境有关，而且还与人的认知、心理活动以及社会性有关。准确合理地选取在线消费者购买参照点，是利用前景理论进行网络购买决策行为研究的关键。表2-4为国内外学者设定的参照点。

表 2-4　国内外学者对参照点的设定

作者	参照点	参照点解释
Yates 和 Stone（1998） 何贵兵和于永菊（2006）	现状参照点 非现状参照点	现状参照点以个体目前所处的现实情况作为参照点，例如财富水平、收入状况等 非现状参照点是指无客观现状参照的情况，例如个体的期望、目标或者对未来的预期等
Mazumdar（2005）	个人期望 社会规范 社会预期	决策者的历史经验和当前所处的环境决定其个人期望 消费者认为的"公平"和"公正"水平决定社会规范 某一群体中人们对同样的事物形成的大体相同的认知和评价决定社会预期
Dholakkia 和 Simonson（2005） Tarnanidis Frimpong Marciniak（2010）	显性参照点 隐性参照点	显性参照点：期望价格、产品属性、企业的广告或促销材料 隐性参照点：目标、时间和偏好
Wang Johnson（2012）	目标现状 最低要求	三阶段参照点理论：决策者同时希望超越目标、提高现状、保持在最低要求之上
Schmidt（2012）	现状 全额保险费用	保险需求领域

续表

作者	参照点	参照点解释
张志学、王敏和韩玉兰（2006）	第一出价	价格谈判中
Apesteguia 和 Ballester（2009）	决策者的默认选项	认为采取当前的决策是根据与默认选项相联系的顺序偏好而不是对未来的预期决定的

资料来源：笔者根据文献整理。

通过对文献的梳理可以看出，在市场营销领域，学术界普遍认为影响参照点形成的因素主要包括显性参照点和隐性参照点。然而国内外学者在相应的文献中对参照点的形成原因的研究中，主要进行的是理论方面的探讨，针对在线消费者购买决策参照点的形成机理性研究并没有系统化，实证方面的研究更少，并且由于参照点是一种主观心理现象，一般难以直接获取数据，这就限制了前景理论在网络营销领域的具体应用。本节通过对消费者购买参照点相关文献的整理研究，在理论基础之上进行实证研究，揭示出在线消费者购买参照点的形成机制以及影响因素，为前景理论在网络市场营销领域的实际应用创造条件。

一、价格对购买参照点的形成影响

消费者在购买产品的过程中，由于价格非常直观，对消费者选择的影响非常重要。消费者会利用以往的产品价格信息或当前其他同类产品的价格信息，对所要购买产品价格的合理性做出判断。价格参照点有不同的来源，例如过去的购买价格、当前可替代的产品价格以及从朋友或其他人那里获取的价格信息等。一些学者将参照价格分为外部参照价格和内部参照价格。外部参照价格是消费者根据外部信息，例如同类产品的价格，从而形成的对某产品购买价格的估计；内部参照价格则指消费者根据过去类似的购买经历价格，从记忆中形成的对某一产品购买价格的估计（李荣喜，2007）。一般情况下，当消费者采取激励模式时，消费者会以内部参照价格作为参照；当消费者采取记忆模式时，消费者会以外部参照价格作为参照点。表2-5为有代表性的价格参照点的定义。

表 2-5 价格参照点的定义

作者	价格参照点的定义
Thaler 和常雪	公平价格
Urbany	消费者预期的市场平均价格
Kalyanaram 和 Little	消费者最近几次购买价格的加权平均
Urbany、Biswas 和 Bliair	预期最高价、平均价和最低价
Chandrashekaran 和 Harsharnjeet	公平价格、看到过的最低价、看到过的最高价、正常价格
Lichtenstein 和 Bearden	正常价格、最低价、期望的公平价格
韩睿和田志龙	最低可接受价格、平均价格、最高价

资料来源：笔者根据文献整理。

Boring 和 Gonsior（1964）通过实验验证了价格参照点和产品质量参照点之间的关系。在具体的实验中，他们要求被试者根据产品不同的参照价格，对产品的质量进行判断。这些参照价格是依据被试者经常购买的某些品牌的价格。实验结果表明，产品的参照价格是基于某种品牌的价格信息。Olander（1970）研究发现，消费者会将所要购买的商品价格，与以往最常支付的价格相比较，作为给定价格水平的感知。Guadagni 和 Little（1983）构建了基于参照价格的消费者品牌选择模型。该模型以消费者对产品的参照价格信息和产品品牌价格以及其促销等其他相关因素作为自变量，建立了线性消费者选择效用函数，采用 Logistic 统计回归模型构建了消费者评判选择可能性模型，研究结果表明，总体上消费者存在显著的参照价格效应，亦即消费者会明显受到参照价格的影响。Thlaer（1985）认为，参照价格对消费者需求的影响是通过动态比较参照价格和当前的市场价格。Bucklin 和 Lattin（1991）研究认为，参照价格与消费行为心理和价格感知理论一致，包括更新水平理论和吸收比较理论。Greenleaf（1995）研究认为，商家在参照价格的影响下，应采用长期的最优促销策略使其销售利润最大化，并认为参照价格能够促进销售。Ordonez 等（2000）研究了参照价格与产品价格、质量属性相关性之间的关系。研究结果表明，参照价格受到消费者对价格—质量相关性认识影响。

Alford 和 Engelland（2000）以消费者运动鞋的购买选择作为研究对象，研究不同的价格信息对参照价格最终形成的影响，研究发现，不可信的价格信息并不会对参照价格产生影响。

Chandrashekaran（2001）研究发现，消费者的购买参照价格并不是在购买决策前形成，参照价格的形成可能是由多个不同的价格影响因素，以某种非联合的形式作用于消费者，消费者会受这些不同参照价格的影响，但在购买决策时，发挥主要作用的可能只是其中的某一类参照点。

Moon 等（2006）研究消费者价格参照点时，通过实验将价格参照点分为三种类型：没有参照价格、以过去购买后记忆的价格作为参照点（记忆参照价格）、以促销方式激励的价格作为参照点（激励参照价格）。研究结果表明，首先，大部分消费者购买前会以某种价格作为自己的参照标准；其次，以记忆价格作为参照点的消费者对价格更加敏感。李荣喜（2007）在其博士学位论文《基于参考点的消费者选择行为及应用研究》中研究了多个属性参照点（参考点）对消费者选择行为的影响，并进一步从企业角度探讨如何应对这些影响；最后构建了消费者选择模型，研究结果表明，由于受到参照点的影响，消费者选择将尽可能倾向于参照点相近的选项。邹燕、郭菊娥（2007）针对消费者的购买攀比心理进行了研究，根据期望理论和期望理论中的价值函数，实证研究了消费者内生的并纳入更多消费者行为特征的参照点。在网络市场环境中，由于信息的获得更为便利以及消费者的损失避免效应，消费者对网络市场中的参照价格更加敏感。Baucells 等（2011）通过实验研究消费者在大量的信息中如何形成价格参照点，以投资者购买股票和债券为例，构建了五种影响参照价格的因素，分别是以前的购买价格（PP）、当前价格（CP）、平均价格（AIP）、最高价格（HP）和最低价格（LP），研究发现，消费者对以前的购买价格和当前价格最敏感。

根据 CNNIC2011 年 12 月发布的资料显示，61.3% 的消费者认为网络市场中产品的价格更加便宜。在电子商务时代，由于价格信息可以更加方便准确地发布和传达，因此消费者可以有效地比较产品价格，并决定在何处购买。因为网络商家需要降低产品价格，较低的价格可以建立与增进买卖双方的关系，消费者对价格的敏感性也会随着网络市场中价格信息的丰富和更加优惠的折扣而增强。

二、框架效应对购买参照点的形成影响

框架，是一种用于组织和理解信息的沟通策略。框架效应是指一个问题在逻辑意义上相似的两种说法导致不同的决策判断（张喆等，2011）。相同的产品信息可以以积极或消极框架、收益或损失框架呈现，把本质相同的产品从网络市场呈现给消费者时，不同表达方式的产品语句会影响消费者对备选产品的认知，有可能使消费者对这一产品的偏好、态度等心理反应发生变化或逆转。框架效应形成的原因，有些是问题的表达方式，有些是消费者的个体特征。在收益框架下，消费者为了获得收益倾向于选择保守性的方案；在损失框架下，消费者为了回避损失倾向于选择风险性方案，表现出选择的偏向。表 2-6 为国内外学者关于测量框架参照方面的研究。

Kahneman 和 Tversky（1979）通过实验的方式研究证实，采用不同的陈述方式描述信息，决策者会产生不同的风险倾向，以正面框架描述或以负面框架描述信息带给决策者的不同的风险趋避倾向。Levin 等（1998）将框架效应区分为三类：风险选择框架、属性框架和目标框架。风险框架适用于风险选择情境，决策者在风险框架的影响下，正向框架会规避风险，负向框架下则会追逐风险；属性框架适用于对产品属性的判断，这也是本书的研究重点，在属性框架的影响下，决策者一般倾向于选择正向框架；目标框架强调的重点在于，决策者为完成特定的目标标准，需要进行的一系列具有特定意图的行为，是决策者为了达成目标而采取的行为结果，适用于说服行为，正向目标框架描述的是决策者如果从事某种行为会获得何种收益，与之相反，负向目标框架描述决策者如果不从事某种行为，会导致什么损失和不良后果。一般情况下，负向的目标框架对决策者更具有说服力。

市场营销中的产品属性框架是指商品的某些关键属性用不同的正面或

负面词语方式表达时，会使消费者产生不同的影响而对同种商品产生不同的评价。正面属性框架往往传递正能量的信息，使人产生相对愉快的反应，而负面属性框架主要传输负能量信息，会使人产生相对沮丧的反应。Levin 和 Gaeth（2002）以超市中出售的牛肉产品标签内容作为研究对象，通过实证调研后显示当商品的标签内容为 75% 的瘦肉时，消费者觉得牛肉会比较好吃而且不太油腻，从而产生购买意向；而当标签内容为 25% 的肥肉时，消费者会觉得此种牛肉味道是较油腻的。梁承磊等（2012）在消费者冲动性购买行为的研究中发现，产品以不同的描述信息方式呈现时，会影响消费者产生不同的冲动性购买行为。大多数情况下，具有正面的属性框架信息和负面的目标框架信息对消费者会有更好的说服效果。当框架信息和消费者的调节特质匹配时，会增加消费者的感知价值。因此，商家在制定营销策略时，尤其针对网络产品进行文字和图片描述时，应该尽量使所要表达的产品信息，能够达到与目标消费者调节定向一致的营销刺激方案。

表 2-6　框架效应参照点的测量

序号	研究主题	研究作者（时间）
1	从个体的当前财富状况研究消费者支付贷款的聚合和分离状况	Kahneman 和 Tversky（1984） Thaler（1985）
2	谈判和采购洽谈	Neale（1987），Schurr（1987）
3	医疗方面	Levin 和 Chapman（1990）
4	组织和财务决策	Roszkowski 和 Snelbecker（1990），Arkes（2008）
5	促销和广告（如对产品有过积极/消极的购买经历，导致较强/较弱的框架效应）	Grewal（1994），Dunegan（1996）
6	牛肉、数码相机	Levin，Gaeth（2002），梁承磊（2012）

资料来源：笔者根据 Tarnanidis（2010）及自身研究整理。

三、网络产品品牌属性对购买参照点的形成影响

产品是产品属性在某种标准和规则下的综合。一般可用如下关系表示：

$$P = f(a_1, a_2, a_3, \cdots, a_n)$$

其中：P 表示消费者选择的产品；f 表示产品属性组合的标准和规则；a 表示产品的某种特定属性；n 代表产品属性的数量或类别。产品属性一般根据选定市场目标的需要、期望、偏好及购买习惯等进行调整。由于网络市场中信息的储存成本低并且信息的储存量极大，消费者可以对产品的各种信息进行搜寻，因此网络产品的属性与传统市场的产品属性有所不同。

Winer（1992）通过对大量样本的分析发现，产品属性对消费者购买决策的影响中，产品的外部属性的重要性，要大于产品的内部属性，同时，消费者对产品质量方面的感知，要比产品的品牌偏好具有更好的边际效用。Nelson（1974）根据消费者怎样评估产品质量将产品区分为搜寻品和经验品，王彩红等（2009）进一步将产品分为搜寻品、经验品和信任品。网络以产品属性作为参照点主要表现在两个方面：一是网络使信任品和经验品变得"可搜寻"，在一定程度上模糊了三者之间的界限；二是网络促成了产品属性由经验品或信任品转换为搜寻品。产品和服务是否适合在网络市场销售的一个重要因素是产品信息的连续性强度，也就是指产品属性与各种信息的相关性程度。Glazer（1991）根据产品信息强度的连续性可分为五种类型：独立的信息；信息对营销活动来说非常重要；有助于提供定制化提供品的信息；信息可以作为提供品的一部分，但从属于主要产品；对产品的信息本身也是一种被营销的产品。Girard（2009）研究发现，消费者网络搜寻商品的信息中，对经验品信息搜寻的偏好明显大于信任品和搜寻品。

四、网络产品促销对购买参照点的形成影响

Zhang 等在《参考价格效应下的供应链协调联合广告》中认为，广告对消费者参照价格的影响起着较大的作用，广告可以提高消费者心目中的参照价格。在考虑是否购买某产品时，消费者心目中的参照价格起着决定性的作用，参照价格代表了消费者对产品的评价。其构建了动态协调广告

模型，研究结果表明：首先，稳定的参照价格一般高于市场价格，但以前的相关文献中通常认为参照价格等于市场价格；其次，由于广告对消费者参照价格的影响较大，商家应该投入更多的广告进行促销。

五、网络产品评论对购买参照点的形成影响

网络产品的评论信息是消费者进行网络购物决策的重要参照点之一，探明那些有用的在线评论对消费者购买决策的影响，可以使网络商家对产品的评论进行有效的管理，并可在此基础上做出更好的营销策略。艾瑞咨询在《2009 年中国网民购买决策研究报告》中指出，有 64.4% 的在线消费者主要以产品评论作为获取商品信息的主要方式。Channel Advisor（2010）调查数据显示，2010 年 8 月，美国在线消费者的产品评论信息，促进了 46% 的美国网民进行购物，被调查的美国在线消费者中，有 92% 的消费者阅读了产品的评论信息，其中 46% 的消费者认为，产品评论信息促进了其购买行为，与此同时，43% 的消费者表示因为产品的评论信息，推迟了商品购买。

产品评论以文本形式呈现给消费者，信息量丰富、表达方式多样，并且波及范围大、传播速度快，这些特性使在线评论成为一个多维的复杂概念。产品评论维度方面的增加、积极和消极的情感态度、消费者文字表达方式等方面均会对消费者信息搜寻、购买决策、态度的形成和变化产生很大的影响，因此产生了一个新问题，即消费者主要以产品评论的哪些维度作为参照点，产品评论的哪些维度会对消费者感知收益和感知损失产生影响，以及产品评论的好坏如何影响消费者的购买决策行为？

Pavlou（2003）和 Chevalier（2006）研究发现，消费者更加关注负面评论。但是在不同的网络环境下，负面评论的影响可能也会有所不同。如果在线消费者对某个网络商家比较熟悉，就有可能减弱网络负面评论的影响（Chatterjee，2001）。East（2008）研究消费者网络购买的熟悉程度时发现，产品评论对网络购买时间较短、经验较少的消费者的影响，远比对网络购买时间长、经验丰富的在线消费者强烈。Lee（2008）研究发现，某种产品的负面在线评论数量会对潜在消费者的购买意愿产生较大的影

响。产品负面评论的质量对高参与度消费者的影响，比低参与度的消费者的影响更大。

Liu Jingjing 等（2007）将评论质量的三个重要文本特征归纳为信息的丰富性、可读性和情感倾向，他们尝试利用这些文本特征识别出低质量的评论。Chen 等（2004）在对亚马逊网站图书评论的研究中发现，在线评论的数量与销售量显著相关，但是在线评论对商品的情感评分对销售量并没有显著影响。郝媛媛（2010）采用回归建模，侧重于考察评论文本的语义属性特征。为了提高模型整体拟合和预测力，她提出了其他文本语义属性对消费者的影响，例如主客观表达方式的平均值及方差，区分正负评论对评论有用性的影响，主要考察评论中不同情感倾向对评论有用性的影响。郭国庆等（2007）从理论方面，构建了传统产品评论对消费者购买意愿影响调节因素的理论模型。金立印（2007）针对产品的评论信息类型、传播方向和产品涉入度对在线评论影响的调节作用进行了研究。郑小平（2008）以在线评论内容的质量、评论者的可信度、评论的时效性以及评论数量对消费者购买决策的影响进行了研究。

Shohan 和 Fiegenbaum（2002）指出，管理者必须在环境与策略中找到最佳的动态匹配，才能使企业的绩效最大化。如果网络商家能够了解消费者个体喜好，为消费者提供更多个性化的产品信息，就可以将潜在的网店浏览者转变为实际的消费者，这样除了能够提高商家的购买转化率外，如果该推荐的信息质量很高，那消费者还会对该网店产生依赖。因此，将产品评论作为参照点进行研究，不仅能够为消费者提供个性化的推荐服务，而且能够帮助企业改进产品、提高质量并及时修复潜在可能恶化的客户关系，从而有效保留客户，提高客户的忠诚度，防止客户流失，因而具有非常重要的意义。

六、消费者目标对购买参照点形成的影响

消费者目标主要表现在消费者对其追求的理想状态或是使其欲望满足的最大化，它能够指导消费者整个的购买过程。在浏览和处理产品信息过

程中，消费者总会受到一定目标的驱使，并以此作为参照点，消费者浏览信息的偏差、信息处理的动机以及其他一些因素都可以由这种目标决定。

消费者在搜寻、接触和处理产品信息的过程中会带有一定的目的性，这些目标包括产品浏览与确定购买。当消费者在信息搜集阶段时，他们会显现出产品浏览的目标；但当消费者处于真正购买阶段时，则会显现确定购买的目标。当消费者的目标在产品浏览阶段时，那些在首要产品属性上表现更好的产品，能够获得消费者更高的产品偏好，而当消费者目标处于确定购买阶段时，那些在次要产品属性上表现更好的产品，能够获得更高的产品偏好（高华超，2011）。但是在网络市场环境下，随着网络信息便利化的发展以及在线消费者行为模式的改变，产品浏览和确定购买已逐步融合在消费者的购买决策中，呈现出两个连续的过程。

七、时间对购买参照点形成的影响

传统经济学家使用数值的贴现率表达人们以时间作为参照点的购买偏好，Samuelson 假定人们的时间偏好一致，但 20 世纪 80 年代以来，行为经济学家们发现人们对未来各期的偏好并不一致。Halevy（2001）研究发现，人们在进行购买决策时，总是希望越早获得收益越好，而并不愿意推迟即刻获得的消费。Devetag（1999）认为，消费者具有时间不一致方面的偏好。Kahn 和 Schmittlein（1989）研究发现，对于定期购买产品的消费者而言，当所要购买的某种产品处于缺货状态时，他们会无意识地购买同类的可替代的产品，因此，无论他们是现在购买还是推迟购买（延迟消费），他们都会调整相应的购买决策参照点。

消费者以时间作为参照点主要集中于人们的长短期利益权衡和情感反应。Soman（2001）认为，人们并没有形成为时间记账的习惯，并且时间的投入与时间成本的计算方法比较复杂，因此人们在面临时间投资时，一般会忽视时间的沉没成本。然而人们可以通过提供单位时间的收入等方法意识到时间的重要性，并强调所付出时间的机会成本等。Saini 等（2008）的研究也认为，消费者并不清楚如果对时间的价值进行计算，与对金钱的价值决策相比，在对时间做决策时，消费者更多的是采用直觉决策。Mogilner 等（2009）提出的时间概念，加入了消费者与产品情感方面的联系，从而产品不同的情感依托，此时消费者会由此而联想到以前使用该产品的美好经历，使消费者对即将购买的产品产生积极的购买态度。Marmorstein 等（1992）在对消费者时间价值研究方面，发现消费者的收入水平、购物乐趣的享受以及购买产品的超时收益均会影响消费者对购物时间的决策。

Tarnidis 和 Frimpong（2009）认为，消费者依赖于三种时间参照点，分别是事前、事中和事后参照点。在购买决策过程中，消费者为了决定最终的购买行为，他们会更替不同的参照点。从图 2-4 中可以看出，消费者会在不同的时间段产生不同的参照点。消费者产生的（事前/事中/事后期望）参照点会影响消费者对购买前/购买中/购买后的实际决定行为。因此，时间参照点是一个动态的参照点，会随着看到的新信息而改变。

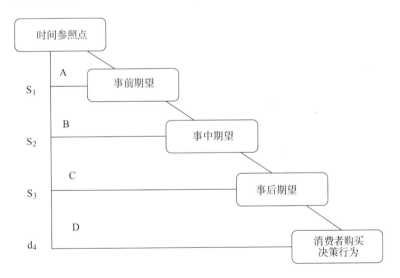

图 2-4　消费者时间偏好参照点

资料来源：Tarnanidis 和 Frimpong（2009），Tarnanidis 等（2010）。

在电子商务的实际应用中，很多网络商场也引入了时间压力要素来进行商品促销。例如亚马逊网站在其主动式推荐中附加促销活动的时间期限，从而给消费者以时间压力。李先国等（2011）采用情景模拟实验，以网络团购消费者作为研究对象进行了研究，发现时间压力对在线消费者的购买意愿有正向显著影响。在限定的团购时间限制下，距离团购结束的时间越短，消费者越重视产品表象层面的特征，而不会对产品功能方面的特征进行理性评估，最终有可能引起消费者的购买意愿及购买决策行为发生转变。

八、消费者偏好对购买参照点的形成影响

消费者偏好是指消费者钟情于购买某种产品或特别喜爱消费某种产品的一种心理行为，表达了消费者对某特定产品或品牌的一种喜爱程度，主要是消费者个体对某产品表现出的喜爱之情，这种喜好并没有单纯的对错之分，仅是消费者对某些同类产品中，具有不同个性的那种产品的特殊喜好。

一般情况下，消费者的偏好分布呈扭曲的正态分布（见图2-5），分布曲线具有一定的峰度与斜度，大体上消费者偏好的分布近似服从正态分布。从图2-5中可以看出，如果消费者偏好的分布曲线的峰度越小，消费者在对产品相关属性的偏好上就越分散；反之，如果消费者偏好的分布曲线的峰度越高，则消费者偏好具有集中的趋势，如果在每一属性上都可以找到相同额度的消费者，此时消费者偏好分布为均匀分布，呈现出一种极端情形（邹立清，2005）。

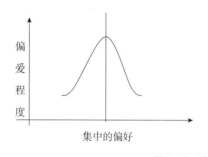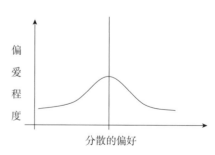

图2-5　消费者偏好分布曲线

资料来源：邹立清（2005）。

品牌偏好是指消费者对某一品牌的喜好程度。品牌偏好是多个因素综合影响消费者态度的结果。刘枚莲等（2012）研究了在线消费者品牌偏好与品牌选择之间的关系。从在线消费者的情感偏好、认知偏好和行为意向偏好三个方面，基于消费者偏好冲突和效用理论，构建了电子商务环境下的消费者偏好冲突模型，最后对模型的误差进行了分析。

Saaksjarvi 等（2007）运用网络和扩展品牌的数据，分析在线品牌消费者偏好的非价格影响因素。研究发现，不同类型品牌的消费者偏好的影响因素不同。侯振兴（2000）通过实证研究总结出在线消费者在网络购物中，由于不同的购买偏好，使消费者对产品的属性偏好和消费者购买决策行为表现得更加微妙，并具有多重性，这将有助于网络商家提高网络营销的效果，并可进一步拓展其发展空间。网络商家应该通过分析多个数据源使其能够分析用户特征，针对各自消费者特定的偏好，及时了解市场动向和消费者需求，从而优化与用户的互动，满足消费者的个性化需求。

第三节　在线消费者购买参照点形成机制访谈

一、模型的提出

通过以上文献的梳理，本书在借鉴国内外学者研究成果的前提下，构建在线消费者购买决策参照点形成机制的探索性模型，如图 2-6 所示。本书将通过在线消费者访谈和实证研究的方法对该模型进行实证检验。

图 2-6　在线消费者购买决策参照点形成机制的探索性模型

二、在线消费者访谈——购买参照点形成的影响因素

访谈法主要是由研究者根据研究所确定的要求与目的，按照访谈提纲或问卷，通过与研究对象进行口头交谈的方式来收集对方有关心理特征和行为数据，系统而有计划地收集资料的一种方法。本书通过开放式的访谈，主要围绕影响消费者在线购买决策参照点的形成这一主题，层层深入，对提纲内的各个问题进行了精心的设计，具体访谈提纲见附录一。对在线消费者的访谈是验证研究思路、探寻研究意义的重要途径。为了提高研究的可行性，本书进行了小规模的在线消费者访谈。

1. 访谈目的

了解我国在线消费者购买决策参照点的形成原因，考察在线消费者在购买决策时，选择不同影响因素作为参照点的动机和原因。

2. 访谈过程

本书的访谈在 2013 年 11～12 月进行，访谈的对象是有过网络购买经历的在线消费者，访谈人数共 15 人。根据访谈目的，本书构建的访谈提纲如表 2-7 所示。

表 2-7　在线消费者参照点形成原因访谈提纲

序号	参照点形成相关话题
1	您的个人基本情况，包括性别、年龄、职业、职位和受教育程度。
2	网络购物时，您是否会考虑以前同种产品的购买价格？
3	网络购物时，您是否会比较不同网站同种商品的价格？
4	网络购物时，您对所要购买的产品有期望价格吗？（或预先设想的价格）。您认为这三种价格（2、3、4）哪种最重要？原因是什么？
5	网络购物时，同种产品标签的不同描述方式或图片展示方式是否会对您产生不同的影响？
6	网络市场中各种促销方式，是否会影响您对产品的比较？您印象最深（或最喜欢）的是哪种促销？
7	如果您网络购买数码相机，您是否会比较相机的功能、品牌、像素等因素？哪种最重要？

序号	参照点形成相关话题
8	您在网络购物时是否会查看已购该产品的消费者的评价进行判断？
9	网络促销时间是否会影响您对产品的比较判断？
10	网络产品的配送时间是否会影响您对产品的比较判断？
11	您的购买目标是否会影响网络购物？（在线浏览和确实要买两个阶段）
12	您自己的购买偏好是否会影响您对网络产品的判断？（对待风险的偏好）
13	除了以上因素之外，是否还有其他因素影响您在网购产品时对产品的比较判断？这些因素是什么？

本书的访谈采用单独访谈，在正式访谈开始之前，访谈者向受访者介绍本次访谈的程序和目的，告知受访者参照点依赖主要反映人们对事物的预期以及将现实与预期相比较所产生的心理感受。框架效应是指决策主体在对结果相同而表述不同的两个方案进行决策时表现出来的偏好反转的现象，本书侧重于产品属性框架的研究，亦即对网络产品的某些关键属性，采用正面或负面不同的描述方式进行表达。衡量消费者对同种产品，在不同的表达方式下是否具有不同的购买决策行为。请受访者针对这些问题畅所欲言，交流自己在网络购物过程中关注的重点。

三、访谈结果

通过对 15 位受访消费者的谈话记录的整理，访谈结果主要体现在以下方面。

1. 价格参照点的形成

15 位受访者中 12 位会考虑以前购买过该产品的价格，3 位并不考虑以前购买过同类产品的价格；在对不同网站同种产品的价格比较时 8 位会进行比较，5 位不会比较，其中一位受访者说如果购买价格较高的产品时才会比较；对产品是否具有期望价格中，4 位存在对所要购买产品的期望价格，11 位并没有期望价格，他们认为产品价格合适即可，也就是达到他们的心理承受预期即可。

2. 框架效应参照点的形成

对受访者详细描述了框架效应的特点后，有 6 位受访者认为会考虑产品的描述，而且均认为产品的正面描述更容易使自己接受产品，9 位受访者并不会仔细查看网络产品中的标签描述，其中 1 位给出的解释是从网络中购买经常使用的产品时，大多是通过查看网络产品图片的方式。

3. 网络促销方式参照点的形成

目前我国网络促销方式主要包括两种：一种是一年一次的"双十一""双十二"，另一种是经常会出现的"聚划算""Z 秒杀"等网络促销方式。当提出这两种促销方式时，有 14 位受访者回答不会考虑这些促销方式，给出的解释是他们在需要某产品的时候才会购买，并不会为了特别的低价而盲目消费，还有些受访者认为这些网络促销方式或许存在一些购物陷阱，例如产品的保质期很短、产品的质量不能保证等。因此，网络促销参照点并不是消费者关注的重点，本书将网络促销参照点剔除。

4. 网络产品评价参照点的形成

15 位受访者均认为会考虑已购产品消费者的评价，并且均认为负面评价对自己的影响更大。

5. 网络产品属性参照点的形成

本书列举了电子数码类的相机产品，包括产品的品牌和功能两个方面的属性，13 位受访者会首先考虑产品的品牌，其次才是产品的功能；2 位认为产品的功能比产品的品牌重要。

6. 时间参照点的形成

网络促销时间对消费者参照点的形成影响并不大，只有 1 位受访者会考虑网络的促销时间；但是网络产品的配送时间中，13 位受访者会考虑配送时间，并认为京东商城、1 号店是配送时间非常快的网店，如果有着急要用的产品，会从这两家网店购买。2 位受访者表示从网络购买的产品一般是不着急用的，并不在意产品的配送时间。基于以上，本书针对我国在线消费者取消对时间参照点的研究。

7. 目标参照点的形成

15 位受访者均认为自己在网络购物主要是根据自己明确的购买目标而定，但网络市场中会不会存在冲动性购买，也就是会不会产生在浏览过程中购买的冲动，这会在下一步的大范围调研中考察。

8. 消费者偏好参照点的形成

1 位访谈者明确表示，考虑到网络产品的真伪和安全性，不会在网络购买化妆品、食品。1 位访谈者表示，如果本次购买的产品不合适，下次就不会再从该网站购买。2 位认为通过网络可以买到实体店买不到的东西。1 位认为网站如果退换货机制不健全就不会购买。

四、购买参照点形成影响因素模型的修正

通过以上的访谈研究发现，在我国的网络市场环境下，框架效应对消费者参照点的形成有待于进一步的分析，但网络促销并不会影响我国消费者购买决策参照点的形成，因此删除产品促销这一项，修正后的参照点形成机制模型如图 2-7 所示。以上关于在线消费者参照点形成原因的访谈结果初步说明，我国在线消费者参照点的形成主要受价格、框架效应、产品属性、产品评论、消费者目标和个体偏好六个维度影响，但是这样的规律是否在大规模的调研中依然存在，需要在实证研究中进一步证明。

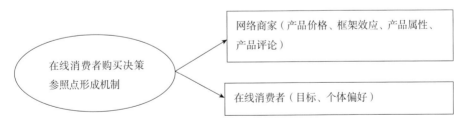

图 2-7　在线消费者购买决策参照点形成机制的修正模型

第四节　在线消费者购买参照点
形成机制的实证分析

一、量表的开发及初测定量研究

本节研究的重点是在线消费者购买决策参照点形成的各个影响因素的检验。为此，本书针对以上访谈得出的我国在线消费者的购买参照点形成机制的维度模型，在参考国内外学者针对参照点的形成原因测量量表的基础上，开发了一个15个测项的中国在线消费者购买参照点形成原因测量量表（见表2-8），然后用以上开发的量表，选取样本共计227份有效问卷进行调查，并对调查结果进行分析。

表2-8　在线消费者参照点形成影响因素测量量表

变量	维度	题项	测量项目	参考文献（年）
价格	以前的购买价格	Q1	网络购买时我会考虑以前购买过该产品的价格	刘海龙（2009）黄鹤婷（2013）Benedicktus（2008）Heath、Larrick 和 Wu（1999）Kwok 和 Huynh（2003）
价格	不同网站价格	Q2	我会比较不同网站同种产品的价格	
价格	期望价格	Q3	我在购物网络电子产品之前会对价格进行估计	
框架效应	风险框架效应	Q4	我认为通过网络购物会遇到很多风险（如资金安全、产品质量等）	
框架效应	属性框架效应网络情境因素	Q5	我会仔细查看网络产品中展示的图片和文字（如产品的外观、功能、颜色等）	
框架效应	目标框架效应	Q6	我认为通过网络购买产品省时省力	
产品属性	外观属性	Q7	我在意网络市场中产品的外观、色彩等可看到的特点	
产品属性	品质属性	Q8	我在意网络市场中产品的质量和性能	
产品评价	正面评价	Q9	网络产品的正面评价对我影响大	
产品评价	负面评价	Q10	网络产品的负面评价对我影响大	

续表

变量	维度	题项	测量项目	参考文献（年）
消费者目标	一般目标产品浏览	Q11	通过网络购物主要是想放松一下身心，缓解疲乏	刘海龙（2009）黄鹤婷（2013）Benedicktus（2008）Heath、Larrick 和 Wu（1999）Kwok 和 Huynh（2003）
	特定目标确实要买	Q12	通过网络购物可以买到实体店不能买到的产品	
个体偏好	心理偏好	Q13	较其他购买方式而言，我更喜欢通过网络购物	
	品牌偏好	Q14	我更愿意在网络购买在实体店接触过或有专柜的品牌	

二、正式定量研究

1. 信度分析

信度是指各项指标的可靠性，用于评价量表结果的一致性和稳定性。一般使用信度系数 Cronbach's Alpha 表示信度的大小。信度系数越大，表示测量的可信程度越大。DeVellis（1991）研究发现，信度系数值在 0.60~0.65，最好不要；在 0.65~0.70 为最小可接受值；在 0.70~0.80 表示相当好；在 0.80~0.90 表示非常好。根据该结论，一份信度系数好的量表或问卷，系数最好在 0.80 以上，0.70~0.80 还算是可以接受的范围；本书采用 PASW Statistics18.0 进行信度分析，结果如表 2-9 所示，本节得到总量表的 Cronbach's Alpha 为 0.862，表明此量表具有较高的可靠性。

表 2-9 信度分析结果

Cronbach's Alpha	项数
0.862	15

表 2-10 为潜变量的信度检验表。从表 2-9 中可以看出，校正的项总计相关性值表示该题目与总项的相关性，Q11 与总项相关系数最小，为

0.347。如果删除掉 Q11，将使 Cronbach's Alpha 值上升为 0.863，但整个问卷的信度仅上升 0.001，并没有起到显著作用，因此不必进行调整。综合以上分析，本调研问卷具有较好的可靠性和可信度。

表 2-10　潜变量的信度检验

题目	校正的项总计相关性	Cronbach's Alpha
Q1	0.568	0.850
Q2	0.399	0.860
Q3	0.576	0.849
Q4	0.358	0.861
Q5	0.611	0.849
Q6	0.528	0.852
Q7	0.604	0.849
Q8	0.556	0.851
Q9	0.586	0.849
Q10	0.452	0.856
Q11	0.347	0.863
Q12	0.514	0.853
Q13	0.482	0.854
Q14	0.565	0.850

2. 效度分析

效度分析是指测量的有效程度或测量的正确性，主要衡量问卷的有效性，数据结果反映样本真实情况的程度。本节研究主要进行了 KMO 球形检验和 Bartlett 的球形度检验。笔者通过 PASW Statistics18.0 统计软件进行计算，得出表 2-11 的效度分析结果，从表 2-10 可以看出，本书中整体问卷的 KMO 的统计量为 0.862，P 值为 0.000；小维度的 KMO 统计量中，产品价格效度的 KMO 统计量为 0.675，框架效应的 KMO 统计量为 0.488，产品属性、产品评价、消费者目标和个体偏好的 KMO 统计量均为 0.500，P 值均小于 0.05，这些数据表明可以对问卷进行下一步因子分析。

表 2-11 效度分析结果

	取样足够的 KMO 度量	Bartlett 的球形度检验
		Sig.
整体问卷的效度	0.862	0.000
小维度的效度		
产品价格	0.675	0.000
框架效应	0.488	0.000
产品属性	0.500	0.000
产品评价	0.500	0.000
消费者目标	0.500	0.000
个体偏好	0.500	0.000

3. 因子分析

因子分析中的因子荷载量表示某个因子与某个原变量的相关系数，主要反映该因子对相应原变量的贡献力的大小。表 2-12 为各维度的因子荷载量。从表 2-12 可以看出，本节验证性因子分析的结果并不是很好，只有三个题目的因子荷载量在 0.70 以上，因此需要进一步优化。

表 2-12 因子荷载量

变量	维度	题项	测量项目	因子荷载量
产品价格	以前的购买价格	Q1	网络购买时我会考虑以前购买过该产品的价格	0.69
	不同网站价格	Q2	我会比较不同网站同种产品的价格	0.71
	期望价格	Q3	我在购物网络电子产品之前会对价格进行估计	0.62
框架效应	风险框架效应	Q4	我认为通过网络购物会遇到很多风险（如资金安全、产品质量等）	0.45
	属性框架效应 网络情境因素	Q5	我会仔细查看网络产品中展示的图片和文字（如产品的外观、功能、颜色等）	0.64
	目标框架效应	Q6	我认为通过网络购买产品省时省力	0.45
产品属性	外观属性	Q7	我在意网络市场中产品的外观、色彩等可看到的特点	0.68
	品质属性	Q8	我在意网络市场中产品的质量和性能	0.70

续表

变量	维度	题项	测量项目	因子荷载量
产品评价	正面评价	Q9	网络产品的正面评价对我影响大	0.72
	负面评价	Q10	网络产品的负面评价对我影响大	0.69
消费者目标	一般目标	Q11	通过网络购物主要是想放松一下身心,缓解疲乏	0.50
	特定目标	Q12	通过网络购物可以买到实体店不能买到的产品	0.56
个体偏好	心理偏好	Q13	较其他购买方式而言,我更喜欢通过网络购物	0.60
	品牌偏好	Q14	我更愿意在网络购买在实体店接触过或有专柜的品牌	0.62

4. 模型的优化

本书构建的原始二阶验证性因子模型结构如图 2-8 所示,经优化之后的模型如图 2-9 所示:

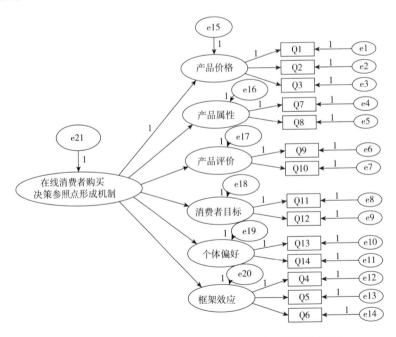

图 2-8 在线消费者参照点形成的二阶验证性因子模型

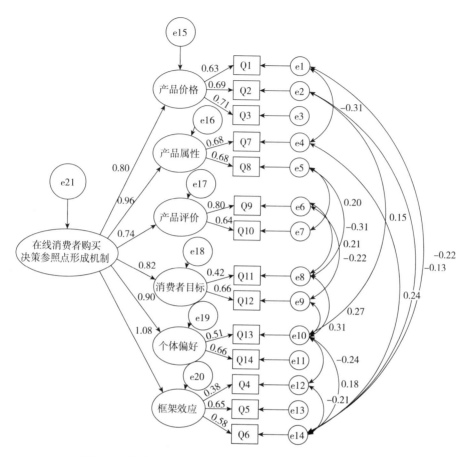

图 2-9　在线消费者参照点形成的二阶验证性因子修正模型

表 2-13 为非标准化估计结果，从表 2-13 可以看出，本书研究中的 P 值均小于 0.01，所有路径系数均通过了检验。非标准化和标准化的主要区别在于参数估计值的不同，结构方程为了能够使模型识别，需要先指定一个测量尺度，此时估计出来的结果是非标准化的，但我们最终要参考的结果是标准化的。因此，本节得出的标准化估计结果如表 2-14 所示。

表 2-13　非标准化估计结果

潜变量			Estimate	S. E.	C. R.	P
产品价格	<---	在线消费者参照点形成	1			
产品属性	<---	在线消费者参照点形成	0.946	0.154	6.136	***

续表

潜变量			Estimate	S. E.	C. R.	P
产品评价	<---	在线消费者参照点形成	0.971	0.149	6.522	***
消费者目的	<---	在线消费者参照点形成	0.674	0.156	4.325	***
个体偏好	<---	在线消费者参照点形成	0.811	0.149	5.447	***
框架效应	<---	在线消费者参照点形成	0.77	0.154	4.986	***
Q1	<---	产品价格	0.979	0.126	7.797	***
Q2	<---	产品价格	1			
Q3	<---	产品价格	0.927	0.122	7.623	***
Q7	<---	产品属性	1			
Q8	<---	产品属性	0.981	0.115	8.529	***
Q9	<---	产品评价	1			
Q10	<---	产品评价	0.825	0.114	7.241	***
Q11	<---	消费者目标	1			
Q12	<---	消费者目标	1.436	0.311	4.621	***
Q13	<---	个体偏好	1			
Q14	<---	个体偏好	1.245	0.205	6.076	***
Q4	<---	框架效应	1			
Q5	<---	框架效应	1.262	0.230	5.488	***
Q6	<---	框架效应	1.37	0.283	4.838	***

注: Estimate 为估计值, 即非标准化的回归系数; S. E. (Standard Error) 为估计参数的标准误; C. R. (Critical Ratio) 为临界比, 即检验统计量; p 为显著性; 余同。*** 表示在 0.01 水平上显著; <---是变量间的回归权重修正指数。余同。

表 2-14　标准化估计结果

路径关系			Estimate
产品价格	<---	在线消费者参照点形成	0.798
产品属性	<---	在线消费者参照点形成	0.956
产品评价	<---	在线消费者参照点形成	0.740
消费者目的	<---	在线消费者参照点形成	0.819
个体偏好	<---	在线消费者参照点形成	0.896
框架效应	<---	在线消费者参照点形成	1.075
Q1	<---	产品价格	0.712

续表

路径关系			Estimate
Q2	<---	产品价格	0.627
Q3	<---	产品价格	0.686
Q7	<---	产品属性	0.677
Q8	<---	产品属性	0.681
Q9	<---	产品评价	0.804
Q10	<---	产品评价	0.638
Q11	<---	消费者目标	0.418
Q12	<---	消费者目标	0.656
Q13	<---	个体偏好	0.514
Q14	<---	个体偏好	0.660
Q4	<---	框架效应	0.384
Q5	<---	框架效应	0.646
Q6	<---	框架效应	0.578

本节的消费者参照点验证性因子分析模型拟合指标如表 2-15 所示。从表 2-15 中的绝对拟合指标看出，$\chi^2/df = 1.465$，表明研究的测量模型协方差矩阵与实证数据中的协方差矩阵之间不存在显著性的差异。Steiger（1990）研究发现，RMSEA 值低于 0.1 表明模型是可以接受的范围，如果值低于 0.05，表示模型具有非常好的拟合度，如果值低于 0.01，表明模型具有非常出色的拟合度。实际的研究实践中，大部分学者选择 RMSEA<0.08，本节的模型中 RMSEA = 0.045，因此从总体上而言，可以接受该模型。从相对拟合指标看出，CFI = 0.969，NFI = 0.911，均大于 0.9 的标准接受值，因此可以认为整体因子模型拟合很好，说明了模型的合理性。

表 2-15　消费者参照点验证性因子分析模型拟合指标

χ^2/df	GFI	AGFI	NFI	RFI	CFI	PNFI	PCFI	RMSEA	IFI
1.465	0.946	0.907	0.911	0.866	0.969	0.607	0.646	0.045	0.97

根据以上实证结论以及前人文献，本节进一步将我国在线消费者的购买参照点分为隐性参照点和显性参照点，如图 2-10 所示。其中显性参照点是从商家角度出发，包括价格参照点、框架效应参照点、产品品牌属性参照点、产品评论参照点，隐性参照点则主要从在线消费者自身的角度出发，包括目标参照点和个体偏好参照点。

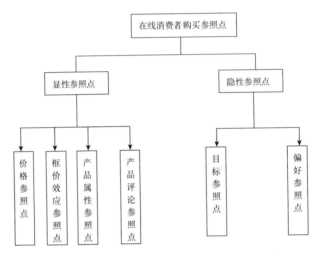

图 2-10　在线消费者参照点分类模型

本章小结

本章从参照点的形成机理出发，首先从前景理论方面介绍了参照点形成的理论原因，然后通过消费者访谈和实证调研的分析方法，验证了我国在线消费者购买决策参照点形成的影响因素。通过实证研究，验证了我国在线消费者存在 Theodors、Frimpong 和 Marciniak（2010）所阐述的九个理论上影响消费者参照点形成的五个影响因素，分别是价格参照点、框架效应参照点、产品品牌属性参照点、消费者目标参照点和消费者个体偏好参照点，同时，本书根据我国在线消费者的特点增加了在线消费者产品评论参照点，同时也验证了显著性。

第三章

购买参照点对在线消费者决策影响的模型与假设

本章的主体框架建立在 Tarnanidis 等（2010）、Hsu（2010）和 Chang（2012）等所提出的理论基础及模型之上。本章将在线消费者购买参照点和消费者感知收益和损失的影响相结合，构建出在线消费者购买参照点对其购买决策的影响模型，最后根据模型中的各因素之间的影响关系提出研究假设。

第一节　理论模型的构建

著名心理学家西蒙将决策定义为发现问题、分析比较问题和解决问题三个方面。分别包括情报活动、设计活动、选择活动和检查活动四个阶段。从在线消费者这个方面来看，情报活动代表消费者收集准备购买相关产品的信息；设计和选择活动代表消费者对产品信息的评估过程；检查活动则指消费者产生购买意愿并做出相应的购买决策行为。

在消费者购买决策研究中，有些学者认为消费者产生购买行为是购买决策，另一些学者，如董琳（2004）、周毅（2011）等则认为购买决策不但包括实际发生购买行为，也包括消费者购买意愿的产生。本节在后面的实证调研中，被调研者主要针对已经在网络购买过产品的消费者，同时借鉴学者们采用的方法，将在线消费者的购买决策行为定义为购买意愿的产生。

一、消费者购买决策的一般理论模型

作为采用互联网购物的网络渠道，关于信息技术接受理论的模型非常多，例如技术接受模型、动机模型、理性行为理论、技术采纳与利用整合理论等。本书对与研究相关的一些重要理论进行了归纳总结，结合各参考模型的特点对其进行了评估与描述，为本书构建购买参照点对消费者购买决策模型提供理论基础和研究思路。

1. 理性行为理论模型（Theory of Reasoned Action，TRA）

Fishbein 和 Ajzen 于 1975 年首先提出理性行为理论。该理论又称为理性行动理论，主要用于预测或研究个体的行为，该理论关注在认知信息基础上，决策者态度的形成过程，并分析决策者个体行为如何被态度有意识地影响。该理论的研究目的是将以前关于态度影响行为意图的不同理论加以整合。TRA 理论对于多个领域的解释和预测能力非常优异，但是由于TRA 模型的简洁性使其在某些领域的预测能力有限。该理论主要研究个体对技术所持的态度，以及态度与行为决策之间的关系，着重考察了消费者的态度是如何有意识地影响个体的行为。该理论存在三个前提条件：

第一，一般情况下，人类作为理性决策者，在信息处理的过程中会从整体性和系统性两方面对信息进行处理和应用。

第二，当某些外来诱惑出现时，决策者的社会行为不会受到这些外来诱惑的影响。

第三，决策者对自己的行为有充足的控制能力。

理性行为理论模型如图 3-1 所示。

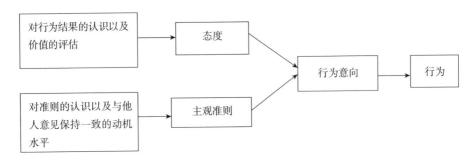

图 3-1　理性行为理论模型

理性行为理论由信念、态度、意愿和行为等核心概念构成。理性行为理论的基本原理是：决策者的行为意向是度量个体计划从事某种特定行为。在有些情况下，决策者的行为意向是可以通过个体的行为进行推断，根据决策者的态度和主观准则两个方面得出。态度反应个体对特定对象的喜好程度，是一种心理倾向，主要取决于决策者对该行为结果的信念，以及决策者对决策结果重要程度的估计。主观规范主要取决于决策者对他人是否信任并是否与他人的意见保持一致的动机水平。综合以上因素，就产生了个体的行为意向，并会因上述因素导致个体行为的改变。

理性行为理论有一个很重要的假设条件，即个体有能力完全控制自己的行为。任何因素的存在，只能通过人的主观准则和态度进行不间断的影响，继而会使人们对行为的合理性产生全方位的认识与判断。由于组织环境存在各种差异，个体行为会受相关组织内部管理和组织外部环境的限制。因此在某些情形下，我们在研究个体行为时可以引入像情境变量或自我控制变量等一些外在变量。

2. 计划行为理论模型（Theory of Planned Behavior，TPB）

Ajzen（1988，1991）在理性行为理论的基础上进一步提出了计划行为理论，该理论的重点在于关注个人推动因素的理论结构。Ajzen 研究发现决策者的行为一般会受到某些控制的约束，并非完全出于自愿。基于这种考虑，他扩充了个体可能不能完成对行为控制的情景，增加了一个新概念——"对自我行为控制的认知"，并将其发展成为计划行为理论。计划行为理论认为个体的行为是经过深思熟虑的计划的结果，它能够解释个体是如何改变自己的行为模式的。计划行为理论模型如图 3-2 所示。

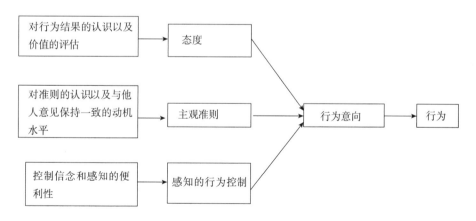

图 3-2　计划行为理论模型

计划行为理论的主要观点主要体现在以下几个方面：

第一，个体会根据自己拥有的资源和能力，以及当时的机会引导决策者的行为，而不会只依靠自己的行为意向的约束。

第二，可利用知觉行为控制代替测量实际控制条件的指标，知觉行为控制越准确，越可以反映实际控制的条件，并且能够预测决策者某些行为发生的可能性，但在预测结果准确性的衡量上，主要在于知觉行为控制是否真实发生。

第三，可使用知觉行为控制、个体的行为态度以及主观规范，通过这三个方面综合衡量决策者的决定行为意向，一般情况下，决策者的态度显得越积极，知觉行为的控制力就会越强大，决策者的行为意向也就越强烈。

第四，作为主观规范、知觉行为控制以及行为态度的认知基础，决策者有时会显示出凸显信念。例如在某些特殊的情境中，决策者或许拥有比较多的个体行为信念，但是在决策时只能获取较少的行为信念。

第五，个体的行为通过不同的社会文化环境因素会产生不同效果，无论是年龄层次，智力水平，所受教育程度、区域特点或背景都会左右个体的判断力与水平，进而形成其做出终极行为态度和主观规范的影响力与行为模式。

第六，从概念上讲，知觉行为控制、主观规范和行为态度是彼此独立，各不相同的，但由于他们拥有共同的信念基础，在某种特定的情景下又会具有相关性。

TRA 和 TPB 模型具有较好的预测研究方面的行为意图，但在信息技术和应用中存在局限性。首先在实证研究中并没有充分证明这些理论中提出的主观规范准则对采纳行为的影响，其次这些理论中的信念因素也比较模糊。

3. 技术接受模型（Technology Acceptance Model，TAM）

Davis（1989）在 TRA 和 TPB 模型的基础上进行了一系列改进并提出了著名的技术接受模型。最初设计技术接受模型的目的，是解释说明哪些重要因素决定着计算机被广泛地接受。技术接受模型将理性行为理论中构建的决策者接受信息系统的模型作为基础，进一步提出了决策者接受使用计算机的两个重要的决定性因素：感知有用性和感知易用性。感知的有用性主要反映某个体通过使用特定的系统，该系统对他工作提高的程度；感知易用性主要反映，个体使用某特定系统的容易程度。

行为意向在技术接受模型中发挥着重要的导向作用，而行为意向又通过感知有用性和感知易用性的交叉影响共同决定，其间的差异性主要表现在，感知的有用性由感知的外用性和外部变量交叉影响与决定，而感知的易用性只是由其外部变量来决定。外部变量所涵盖的内容有系统设计特征、用户感知形式特征以及其他个体特征、开发或执行过程的本质、任务特征、组织结构、政策影响等。这些外部变量为技术接受模型中存在的内部信念、态度、意向和不同的个体之间的差异、可控制的干扰因素以及环境约束之间建立起一种联系。技术接受模型如图 3-3 所示。

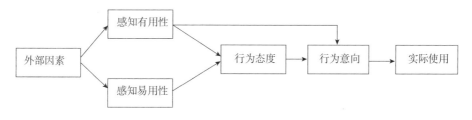

图 3-3 技术接受模型

高度简洁化的技术接受模型具有较强的易用性和解释性，但是在理论上以及从心理学的测量方面看，技术接受模型中，主观规范可能是通过决策者的内化或认同来改变决策个体对新技术的接受态度，但是由于主观规范的存在是不确定的，在这种情况下，有可能会对决策者的行为意向产生间接的影响，甚至根据顺从机制，将决策者最终的行为意向进行转变。

二、基于不同参照点的消费者购买决策模型

消费者购买决策是指消费者谨慎地评价某一产品、品牌或服务的属性，并进行理性的选择，就是用最少的成本购买能够满足某种特定需要的产品的过程。刘鲁蓉（2007）指出，消费者的购买决策过程通常包括认知

问题、搜寻信息、信息评价与决策、购买行为和购买后行为六个步骤（见图 3-4）。

图 3-4　消费者购买决策基本过程

付琛（2009）从消费者行为方面研究发现，早期的消费者行为学主要关注消费者在产品和服务方面的获取上，后来逐渐包括消费者在购买前、购买中、购买后一系列的整个购买的行为和决策。徐萍（2001）提出消费者"黑箱"的概念，它指的是消费者在接受了一系列外部刺激下，所产生的一系列心理活动，经过心理活动处理之后做出购买决策行为。

由于消费者的卷入程度不同、与决策方案相关的信息量以及对方案的认知程度不同，消费者的决策是不同的。刘鲁蓉（2007）将消费者的购买决策作为一个连续体的过程：一端是程式决策，另一端是广泛决策，中间是有限决策，如图 3-5 所示。

图 3-5　消费者程式决策方式购买过程

在程式决策方式下，消费者参与程度较低，制定决策花费的时间很短，购买的往往属于经常性与成本低、风险小的产品或服务，例如消费者对一件衣服的购买决策；广泛决策时最复杂的购买决策方式，消费者的参与程度很高，制定决策花费的时间很长，投入很大的精力收集信息，所购买的是不熟悉、较昂贵的产品，例如对房屋或者汽车的购买；有限决策介于两者之间，其参与程度，制定决策的时间，购买的经常性，产品的昂贵程度等都表现出中等程度，如消费者对电脑的购买。

通过对以上研究的分析，本书借鉴 Davis（1986）提出的技术接受模型，建立在线消费者基于不同参照点的购买决策模型如图 3-6 所示，由于技术接受模型主要是研究消费者接受信息系统的行为，主要包括系统设计特征、用户培训等感知特定系统的感知易用性方面，感知有用性方面包括个体相信使用一种特定系统将增加工作绩效的程度，在对网络使用系统的感知易用性和感知有用性这两个方面并不是本书的研究重点，本书不讨论网络商店的 Web 应用系统的易操作性，因此删掉 TAM 模型中原有的感知易用性和感知有用性，采纳了消费者的购买态度以及购买意愿来表达消费者的购买决策行为。

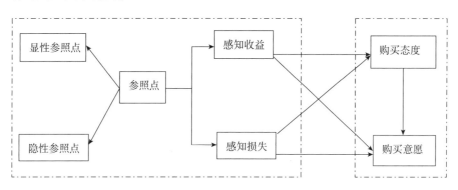

图 3-6 基于不同参照点的在线消费者购买决策模型

第二节　显性参照点对在线消费者
感知维度的假设分析

一、价格参照点对在线消费者感知收益和损失的维度分析

价格研究一直是消费者价格行为研究的核心之一。当内在信息难以获

得时，在众多外部信息中，价格是一个非常重要的因素，有时价格被等同于产品质量（Gerstner，1985）。Zeithaml（1988）指出，消费者通过对产品评价体系的判断和选择，得出所感知的价格参数，但此价格参数并不是价格的最终形成的绝对值，而有竞争力的价格最终会刺激与实现消费者的网络购物需求。消费者对产品的评价和选择产生重要影响的是消费者感知到价格的相对高低，而不是价格的绝对值。购买价格参照点可以决定消费者感受到的是收益还是损失。

网络市场环境的优越性在于，它能够更容易获得关于产品各方面信息。由于通过网络市场比较产品信息的转移成本较低，而且网络市场中价格的高度透明性对价格的比较更加容易实现，消费者可以轻松地对多家零售商的产品进行价格比较，价格上占有绝对或相对优势的网络商家有可能成为消费者购买决策对象，促使消费者做出购买行为。Alba（1997）研究发现，消费者会通过不同价格信息的相互比较，以及不同网络平台以及零售商的信息对比得出购买意向，采取相对较低的零售商产品价格，做出最终决策。

Liao 和 Cheung 实证研究发现，影响消费者网络购买意图以及最终网络购买实施的重要影响因素就是网络市场中产品的价格的高低。张彩虹（2008）进一步研究发现，对在线消费者购买决策影响较大的是，与产品价格有关的折扣优惠信息。

古典经济学中，作为预算约束的一个重要影响因素是价格；新古典经济学中，价格是指决策者需求或零售商出售供应的均衡点；在心理学中，价格则是帮助消费者提示产品相关信息的一种信号（陈国平，2009）。价格是消费者为了获取所期望的某些产品而必须牺牲的货币量。消费者通过感知价格的高低对企业所提供产品的价值进行评估，进而做出购买决策，它对消费者在何时购买、购买什么以及购买多少等购买决策具有决定性的影响（Gupta，1988）。适应水平理论指出，价格参照点属于消费者的主观范畴，一般情况下，在长期的购买消费习惯中，消费者很自然地形成了自身消费的标准与水平，这个标准将作为一种价格参照，当出现新的价格信息后，消费者会有意识地进行比较，从而形成对产品新的价格的评价。某一产品价格在多大程度上被接受，主要取决于消费者心目中的价格参照点与该产品实际价格的对比结果（韩睿，2005）。Winer（1998）以销售咖啡的个体样本数据作为研究对象，根据消费者对品牌的选择模型，验证了两种不同定义的价格参照点的效用。研究结果表明，价格参照点的效应具有显著性，但是这两种价格参照点之间并没有显著的差异。Kalwani 等建立的价格参照点模型认为，消费者的价格参照点不仅受以前购买价格的影响，还会受产品促销频率的影响。而且，消费者是否倾向于在促销时购买产品也会对价格参照点产生影响。Krishnamurthi 研究发现，价格参照点不仅对消费者品牌的选择有显著影响，对消费者的购买数量也有显著的影响。

Kalyanaram 和 Winer（1995）研究发现，消费者做出购买决策行为主要是基于与某一特定的内部价格参照点的比较，Winer（1998）进一步将其公式化：假设 P_0 是可以观察到的零售价格，P_r 是消费者的内部价格参照点，行为定价思想中假设，当（$P_0 - P_r$）为正值时，消费者会感知为收益，而当（$P_0 - P_r$）为负值时，消费者会感知为损失。Ostrom 和 Upshaw 认为，消费者唤起的价格范围，会对产品的市场价格吸引力产生独立影响。他们通过四个实证研究发现，如果一直存在一个内部价格参照点，价格参照点会控制消费者唤起价格的范围。

Kim 和 Benbasat（2009）研究在 B2C 网络环境下，产品价格对不同确保信任的说法如何影响消费者信任的研究中，以在两个网络商品购买手表为例，采用 2（产品保证内容：自我宣称和由数据支持的宣称）× 2（产品保证来源：商店自身和第三方）× 2（价格：高和低）× 2（浏览顺序：先和后），研究发现消费者在价格较高时比价格较低时更容易受到产品担保观点的影响。消费者在网络购物时，如果涉及的利益高时（如价格较高的产品），他们不会只依赖独立的第三方信息来源对网络商家产生信任。

Brucks（2000）通过两个实验研究了耐用消费品价格和品牌名称作为质量维度的指示器。实验一开发了一个耐用产品质量维度的量的类型学，主要包括易用性、耐用性、多功能性、可用性、表现和声誉。实验二要求被试者对三辆车的六个属性做出判断。分成了四个实验组：价格（有，无）×品牌（有，无），研究结果显示，当价格与一个相一致的品牌线索同时出现时，此时的价格线索就会比在没有品牌线索时使用得更频繁。Putler（1992）研究发现，消费者对鸡蛋价格的增长比降低更加敏感，对于消费者而言，涨价是一种损失而降价或打折是一种收益，因此对于前者的敏感度较大。

我国学者常雪（2008）综合了公平理论、前景理论、消费者剩余理论以及心理账户理论作为价格属性的理论根源，研究发现并指出，能够通过价格的公平性和廉价性与多样性使消费群体对价格有了更为广泛的认知。同时，公平性与多样性往往呈现同时递增的正相关性，具有差异性的价格廉价性与多样性和公平性呈现负相关性，不同价格属性对消费者价格参照点变动的影响方式不同。其中价格廉价性对消费者价格参照点有负向影响，而价格公平性和价格多样性可以选择性地提高消费者的价格参照点。

支付价格作为消费者的货币支出会使消费者感到一种损失，这种感知的损失不仅与价格的实际金额有关，还与消费者心目中的价格参照点有关，价格高于参照点的程度越高，感知的损失就越大。与此同时，部分学者研究发现，消费者的质量感知与价格或许有一种正相关关系，亦即产品的价格越高，消费者认为该产品的质量也会越好，进而消费者感知到的收益也就越大（刘海龙，2009）。消费者将产品中网络标示的价格与自己的价格参照点进行比较，如果高于价格参照点就会认为是一种"损失"；反之，如果低于价格参照点就会认为是一种"收益"。本书以消费者的期望价格作为价格参照点，消费者的期望价格是指消费者对某种产品或服务所作的评估，也就是产品对消费者的价值。当网络市场产品的标示价格达到消费者的心理预期，主观上呈现满意时，该商品的价格为消费者购买的期望值。根据以上分析，提出以下两个假设：

假设1a：消费者对商品的期望价格与感知收益之间具有正相关关系。

假设1b：消费者对商品的期望价格与感知损失之间具有负相关关系。

二、框架效应参照点对在线消费者感知收益和损失的维度分析

框架效应是指以不同的表达方式描述同种产品信息时，对决策者判断产品进而影响其购买决策的现象。Tversky 等（1981）在研究亚洲疾病问题时发现，当描述成拯救生命时，也就是将备选项以正面的、积极的形式表达时，决策者以没有人获救作为参照点，此时任何数量的获救人数都被视为收益，从而更多地表现出风险厌恶。但是，如果将相同的问题以负面的、消极的形式表达时，决策者会以没有人死亡作为参照点，此时相同的选项就会被感知为损失，从而表现出更多的风险追寻。张文慧等（2008）研究发现，在机会威胁认知观点中，存在两种不同趋向的判断标准来进行收益决策，即当机会认识较高时，消费者会忽略所遇到的风险，趋向机会方的收益。当面临损失时，风险意识又会强烈地影响消费者的决策，力图避开风险，无形中提高了威胁认知的意识。消费者在风险选择中对收益—损失框架和机会—威胁框架的认知作用并不相同，它们是相对独立的。在收益框架中，会使决策者偏向于提高风险规避，在损失框架中，则会使决策者偏向于风险追寻。机会认知会进一步强化决策者的风险追寻，而威胁框架则会强化消费者的风险规避行为。

Levin、Schneider 和 Gaeth（1998）更加详细地研究了框架效应中起因和结果之间的关系，他们研究决策者对解码过程的认知和最终行为动机的结果，最终将框架效应分为三类：风险选择框架、目标框架和属性框架，从这些方面了解决策者认知和动机的结果。

（1）风险选择框架。Tversky 和 Kahneman（1981）针对亚洲疾病问题，使用风险选择框架进行了研究。试验时在风险选择框架内，给予测试者两种期望价值相等的选项，第一种是"有风险"选项，第二种是"无风险"选项，当这两个选项都以"收益"的形式描述时，将其归为正面风险选择框架；如果两个选项都以"损失"的形式描述时，则将其归为负面风险选择框架。当决策者面对正面风险框架时，由于风险选择框架会影响决策者的风险偏好，这种情况下，决策者会倾向于规避风险；反之，当决策

者面对负面风险框架时，决策者会倾向于追逐风险。因此，当决策产生框架效应时，负面框架会比正面框架产生更高的承担风险的意愿，因此会产生选择反转或选择转移的现象。

（2）属性框架。属性框架是指将产品某单一属性作为框架主体，将该产品的信息以不同的方式进行表述，衡量不同的表达方式是否会影响决策者的选择。正面属性框架会呈现出令人愉悦的信息；负面属性框架则呈现出令人厌恶的信息，例如生存率和死亡率，成功率或失败率等。多数情况下，正面框架的产品描述会使决策者对产品给予较高评价，但负面框架的产品描述，决策者对其评价较低，继而会产生一致性评价转移现象。

（3）目标框架。目标框架主要强调与达成某个目标有关的行为，探讨说服的效果。当决策者为了达到某种目标时，就是我们这里所指的意识上的行动力。这时需要对决策者的行动与目标关系进行一种区分，目标框架分为正面目标框架和负面目标框架。正面目标关系框架是指如果决策者采取某种行为将获得的收益；反之，负面目标关系框架是指如果不从事此种行为，将会造成怎样的损失。许多学者研究发现，负面的框架信息会比正面的框架信息更具有说服力。表 3-1 为梁承磊等（2012）整理的 Levin、Schneider 和 Gaeth 对三种不同的框架特征进行的比较。

表 3-1　三种框架的特征比较

框架名称	什么被框架	什么被影响	如何衡量效果
风险选择框架	不同风险的选项设定	风险偏好	风险选项的比较选择
属性框架	目标或事件的属性或特征	项目优劣	单一项目的吸引力比率分析
目标框架	行为结果或隐含目标	说服效果	采取该行为的比率分析

资料来源：笔者根据 Levin、Schneider 和 Gaeth（1998），梁承磊等（2012）整理而得。

基于以上讨论本书提出以下假设：

假设 2a：正面表达的商品标签与消费者感知收益之间具有正相关关系。

假设 2b：正面表达的商品标签与消费者感知损失之间具有负相关关系。

三、网络产品品牌属性参照点对在线消费者感知收益和损失的维度分析

网络品牌包括两个方面的含义：一种是通过网络建立起来的品牌，并通过网络平台提供商品或服务的互联网品牌，这种品牌又称"e 品牌"，如淘宝网、京东商城、唯品会等。这些"e 品牌"利用各自在不同领域上的优势，形成独特的品牌形象深入消费者的心中。另一种是传统品牌在网络市场上建立的品牌网站，是品牌的网络化，他们将传统品牌通过互联网渠道进行推广，与消费者互动不断加强品牌在消费者心目中的地位，同时也通过网络进行在线销售等商业行为。

本书在产品属性中主要以网络产品品牌属性作为研究对象。产品品牌属性能够给消费者带来更多的利益。Schouten（1991）认为，品牌个性和消费者个性越接近的品牌，越能获得消费者的认同，引发消费者的情感共鸣，拉近与消费者之间的距离，保持消费者的品牌忠诚。在网络市场环境下，由于产品高度趋于同质化现象更加严重，消费者对品牌象征性意义的认识更加重要。石雷山等（2005）在研究不同种类产品的品牌与消费者自我概念之间的关系中，认为当消费者的自我概念与产品的品牌越一致，则消费者对该品牌产品的购买意愿就会越强烈。同时还指出，这些品牌产品无论消费者卷入程度的高低均适用，如汽车、房产、手表、手机或电池等。在对这些品牌产品的购买选择中，消费者都会尽量使购买的产品符合长期以来对自我的认识。

侯振兴（2000）对消费者在电子商务中的消费偏好进行了实证研究，研究结果显示消费者在网络市场中的产品属性偏好和消费行为表现得更加复杂和微妙，直接影响了电子商务的经验效果和发展空间。张金萍等（2003）研究影响网络营销效率的重要因素包括：营销中是否需要借助于物流、产品有没有完整的实物形态、能不能通过网络完成完整的消费行为

三个方面。Richardson（1992）研究采用了产品质量、式样和品种三个产品属性变量。Kim（1995）选择了产品质量、产品形象、产品性能、产品价格等研究多属性变量对消费者偏好的影响。Cudmore（2000）选择产品特性、包装和价格三个产品属性来研究其与消费者偏好间的关系。Wheeler（2000）仅选择了产品的品牌一个属性变量研究了消费者的偏好。以上研究表明，品牌不再仅仅代表产品的符号，它能够更好地体现产品的内在价值。如果某种产品能够逐步得到消费者的喜爱，那么这种产品的品牌也会被消费者所熟悉进而受到欢迎。

产品品牌的知名度在消费者购买决策时占有极其优势的地位。许多学者研究发现，典型的消费者购买决策行为，只会考虑少数几个品牌，而且具有较高的知名度才较容易被放置于消费者选择的名单中。因此，消费者一般会忠实于一组品牌（少数几个品牌），而很少忠实于某一特定的品牌。例如某人想吃西餐快餐，他们首先想到的会是肯德基和麦当劳。Ward 和 Lee（2000）研究产品品牌对在线消费者购买决策的影响时发现，消费者在选择购买某特定产品时，会将品牌属性作为产品特性之一进行考虑，如果消费者对该产品不太熟悉，他们会以产品的品牌知名度作为选择标准。通过选择知名品牌的产品，可以降低消费者的感知损失。基于以上讨论本书提出以下假设：

假设3a：品牌知名度高的网络商品与消费者感知收益之间具有正相关关系。

假设3b：品牌知名度高的网络商品与消费者感知损失之间具有负相关关系。

四、产品评论参照点对在线消费者感知收益和损失的维度分析

产品评论是指在线消费者通过网络媒体市场展开的交流和讨论，评论主要围绕与相关产品有关的属性，如产品价格的高低、品牌的知名度以及网络商家相关的服务等信息（阎俊等，2011）。Park 和 Lee（2008）认为，产品评论者主要是已购买过某产品的在线消费者，他们在购买或使用过程

中会对产品产生相应的购买及使用体验，形成自己对该产品的看法和评价，然后以告之者和推荐者的身份来影响潜在的在线消费者购买决策行为。产品评论能够给潜在的消费者带来较强的"用户导向性"，可以为潜在消费者充当免费的销售助手。Chen 和 Xie（2008）验证了这个特性，研究发现在线消费者对网络市场出售的产品评论具有更强的依赖性。消费者在购买网络产品前，会通过已购消费者的产品评论了解自己要购买产品的各种性能以及该网络商家出售的该产品的质量情况，以便找出最符合自身特定需求的产品。

近年来，越来越多的学者研究发现，产品评论已成为网络商家与消费者进行市场沟通的一种新的重要途径，能够充分地利用这种途径，已经成为很多著名网络零售商获得成功的重要原因之一。同时，网络传播的匿名性降低了评论者的社会压力，使消费者更愿意分享真实信息，从而提升了沟通品质，能对消费者的品牌态度、购买意愿、再传播行为等产生重大影响（Litvin et al.，2008；Lee et al.，2009），逐渐成为消费者收集产品信息的一个重要渠道。Jalivand 和 Samiei（2012）研究发现，产品评论对消费者感知产品的品牌形象和购买意愿具有显著影响。产品评论还可以弥补消费者的信息不对称，降低其风险感知，尤其是针对一些没有网购经验的消费者，可将产品评论作为选择产品的参照依据。

产品评论主要包括两种形式：一种是消费者在网络上发表的对已购产品的文字评价；另一种是消费者在网上对某种产品或者服务的打分。产品评论的众多方面对产品的销量有着显著的影响。一般情况下，消费者会根据自己的网络购买经历以及对产品的亲自使用体验，在相关的购物网站或论坛，对已购产品做出正面或负面的评价（高诚，2009）。Tax 等（1993）也将消费者的产品评论分为正面评价和负面评价两个方面，同时指出情感倾向不同的产品评论，会使潜在消费者产生不同购买决策行为。一般认为正面评论有助于促进潜在消费者的购买，但负面评论并不利于潜在消费者的购买，产品的负面评论会显著降低网络商家的销售量，Arndt（1967）研究发现，负面的产品评论给网络商家带来的负面影响，是正面的产品评论给网络商家增加销售量数额的两倍。这说明产品的负面评论给网络商家的损失更严重。Reiehheld 和 Sasse（1990）认为，产品的正面评论可以增加企业的利润，并降低公司的营销费用；但负面评论会降低企业广告的可信度。East（2008）研究发现，产品的正面评论会鼓励消费者品牌的选择，负面评论则不鼓励产品品牌的选择。基于以上讨论本书提出以下假设：

假设4a：正面评价高的网络商品与消费者感知收益之间具有正相关关系。

假设4b：正面评价高的网络商品与消费者感知损失之间具有负相关关系。

第三节　隐性参照点对在线消费者感知维度的假设分析

一、目标参照点对在线消费者感知收益和损失的维度分析

在消费者的目标分类中，学者们根据消费者不同的目标内容将其划分为不同的方式。首先消费者的目标可分为促进目标和规避目标（Markman and Brendl，2000）。这种划分主要取决于消费者是否将目标追寻的最终状态归结为消费者的最终向往。Fishbach 和 Dhar（2005）则将消费者目标划分为自我控制和享受目标，这种划分主要依据的是消费者在目标追求过程中的自我控制水平。Lee 和 Ariely（2006）从消费者对所要求目标的具体程度出发，将其分为具体目标和抽象目标两种。然而 Fitzsimons 和 Fishbach（2010）根据消费者对目标所处的不同时间状态，又将其分为当前目标和隐性目标。

本书关注的重点是目标参照点对在线消费者购买决策的影响，根据消费者目标理论，在线消费者在搜寻、接触和处理产品信息的过程中会产生两种目标，即产品浏览阶段和确实要买阶段。因此，本书参考 Putsis 和 Srinivasan（1994）的研究方法，将消费者的目标划分为产品浏览和确实要

买两个方面。当消费者处于信息收集阶段时，就会凸显出产品浏览的目标；而当消费者处于真正购买的阶段时，就会凸显出确实要买的目标。因此，当消费者的目标作为在线消费者的购买决策参照点时，消费者会在目标参照点的影响下产生不同的购买偏好。当消费者目标为产品浏览时，消费者的主要兴趣在于为未来的购买决策做信息上的准备；但是当消费者的目标为确实要买时，消费者的主要兴趣变为区分现有产品，以便从网络市场中挑选出自己的最佳产品。

根据时间建构水平理论，当消费者感知购买时间距离比较远时，在对产品的选择和评价中，会主要考虑高建构水平的信息，以产品的核心信息为主。与之相反，当消费者感知购买时间较近时，在评价产品时会较多地考虑低构建水平的信息为主，也就是以产品的次要信息为主（高华超等，2011）。表3-2为高建构水平和低建构水平的信息比较。

表 3-2 高建构水平和低建构水平信息比较

高构建水平	低构建水平
特征	特征
抽象	具体
枯燥	生动
难以形象化	容易形象化
主旨目标和属性	次要目标和属性
核心特征	表象特征
去情境化	情境化
前因	前因
高感知距离	低感知距离
高空间距离	低空间距离
高时间距离	低时间距离
结果	结果
对态度和行为意向的影响： 缓慢、不明显和间接	对态度和行为意向的影响： 立即、明显和直接

资料来源：笔者根据 Kardes、Cronley 和 Kim（2006），高华超（2011）整理而得。

消费者不同的距离情境会左右其购买产品的关注点，如果是在远程距离情境之下，消费者宁愿采取相对比较简单的方式来构建目标产品，关注点也只限于产品的有限的几个主要属性；反之，近程距离下，消费群体会侧重于目标产品的次要属性，宁愿采用非结构化的方式来呈现目标产品（Henderson，2006）。可以认为，当消费者感知距离购买目标产品的时间较短时，他们会倾向于使用较低建构水平的信息来表征目标产品；反之，当消费者感知距离购买目标产品的时间较长时，他们就会使用较高建构水平的信息来表征目标产品。因此，当消费者以产品浏览作为购买目标参照点时，一般不会将这些信息立即用于购买决策，而是为了未来的购买决策做准备工作，此时他们感知距离购买目标产品的相对时间较长，在评价产品的相关信息过程中，会更加注重高构建水平产品的属性信息。在这种情况下，具有较高构建水平的产品，在产品属性信息上表现较好的产品更加能够获得消费者的好评，此时消费者会感知为一种收益；当消费者以确实要买作为购买目标参照点时，他们需要利用搜集到的信息，为当前的购买决策做准备，由于消费者此时感知的距离购买目标产品的时间比较短，因此，在对所要购买产品的相关评价过程中，会更加注重考虑低建构水平的产品信息属性。因此，在较低建构水平下，消费者会对产品属性信息表现较好的产品显示出更多的偏好，此时，消费者会感知为一种收益，基于以上分析，本书提出以下假设：

假设5a：消费者对商品的期望目标与感知收益之间具有正相关关系。

假设5b：消费者对商品的期望目标与感知损失之间具有负相关关系。

二、消费者偏好参照点对在线消费者感知收益和损失的维度分析

消费者偏好是指消费者习惯于购买或使用某种产品，指消费者特别喜爱购买某种产品的心理行为。它是一种产品属性偏好效果，代表消费者对某种产品的一种爱好或喜爱程度。微观经济学中将消费者偏好的差异称为消费者的异质性，Desarbo（1997）等将消费者异质性定义为，消费者在购买选择和判断过程中，由于个体差异所表现出不同的选择和购买决策。按

照偏好差异的来源能否被观察，以及偏好差异原因是属于一般性还是特殊性，杨永攀等（2009）将消费者差异来源分成四类（见表3-3）。

表3-3　消费者偏好的差异来源

消费者偏好差异来源	一般性	基于产品的特殊性
可观测	地理、文化、人口和社会经济变量等	消费者的购买频率、忠诚度等
不可观测	心理因素、价值观、个性和生活方式等	心理因素、感知、态度、偏好、动机等

资料来源：笔者根据杨勇攀（2009），Frank、Massy 和 Wind（1972），Wedel 和 Kamakurm（1998）整理而得。

Saaksjarvi 和 Samiee 使用来自网络和扩展品牌的数据，研究在线品牌消费者偏好的非价格影响因素，结果表明所研究的不同类型品牌的消费者偏好的影响因素是不同的。Alok 根据消费者对待网络的风险态度的不同，将消费者划分为风险厌恶型和风险中立型两类，他分别分析了在网络市场和传统市场环境下，这两类消费者展现出的不同的购买决策行为。研究发现，风险中立型消费者偏好于网络购物，但风险厌恶型消费者偏好于在传统市场购物。基于前人的研究基础，本书提出以下假设：

假设6a：消费者对商品的网络购买偏好与感知收益之间具有正相关关系。

假设6b：消费者对商品的网络购买偏好与感知损失之间具有负相关关系。

第四节　在线消费者感知收益与损失的假设

消费者感知是指消费者在实施某购买决策行为前，对未来结果的一种预期，该预期会影响消费者实施购买行为的倾向，并导致最终行为的发生。感知因素分析是阐释消费者预期与在线购买决策的一个比较新的视角，这方面已有的研究主要涉及消费者感知价值、感知有用性、感知风险或者感知便利性等。

在感知价值方面，Zeithaml（1988）和 Holbrook（1994）认为，由于个体间存在差异，不同的消费者的感知价值及其构成都可能不同，他们把消费者感知价值定义为，消费者对感知收益和感知损失的比较，然后对产品效用产生的整体感知。其中，感知收益是指在购买和使用产品过程中感知到的产品物理和服务属性以及可获得的技术支持等；感知损失包括买方购买某一产品需要承担的全部成本，例如购买价格、获得成本、运输、安装、订购等所花费的时间和精力等。Monroe（1991）也认为，消费者感知价值是感知收益和感知损失之间的比值，主要在于消费者对产品的质量或购买产品获得收益与为获得产品而支付的产品价格所产生的损失之间的一种对比权衡。Woodruff（1997）认为，消费者感知价值是消费者在特定的购买情境下，对于促进或者阻碍消费者，实现自己目标的产品的属性、产品的效用以及购买结果的感知偏好与评价。他特别指出，随着消费者购买活动的展开，消费者的关注焦点会逐渐向高层次推进，消费者会越来越关注使用情境中的结果和消费者自身的目标。表 3-4 列出了一些有代表性的定义。从表 3-4 可以看出，消费者感知价值的定义主要围绕着消费者对产品的感知利得和感知利失进行权衡。

表 3-4 消费者感知价值的定义

消费者感知价值	研究学者	研究时间
基于所得与所失的感知，对产品效用所做的总体评价，即感知利得与感知利失的比值	Zeithaml, Berry, Pa-rasuraman	1990
消费者参照可选供应商的产品价格，对某一产品为其带来以货币计量的经济、技术和社会利益中的感知溢价	Monroe	1991
消费者期望属性与感知利失属性之间的权衡	Anderson, Jain, Chin-taguntel	1993
消费者对产品的某些性能和属性以及具体情形中有助于达到其目标和意图的产品使用结果的感知偏好与评价	Wroodruff, Gardial, Flint	1996 1997

消费者感知价值	研究学者	研究时间
在具体的使用过程中，消费者参照竞争产品对其供应商所提供的产品的利得与利失进行的多重权衡	Ulaga，Chacour	2001
消费者在特定的使用情境下主观上对感知利得与感知利失的权衡	白琳、陈圻	2006
消费者在获取产品或服务时所能够感知到的利得和其所付出的成本之间进行权衡，由此产生对产品或服务整体效用的评价	钟凯	2013

资料来源：笔者整理。

在感知风险方面，关于感知风险方面的研究较多，感知风险理论主要以营销学为基础，研究在线消费者网络购买的感知风险。Jarvenpaa 等研究发现消费者在网络购物过程中，缺乏安全感、对风险感知过高是造成消费者放弃购买的主要原因，其中感知风险过高是消费者缺乏安全感的关键因素；Mitchell（1999）提出的较为全面感知风险的模型为：感知风险 $= \sum\limits_{n}$（负面后果的重要性 × 负面后果出现的概率），其中 n 代表感知风险的个数。Nena Lim 根据消费者感知风险主体来源的不同，将其分为买方的自主风险、卖方的风险、产品风险以及基于技术的风险四个方面。

Marghrrio 等（1998）研究发现，网络购物可以让消费者感受到产品选择的多样性、便利性、节约成本、时间等诸多好处。但 Wilkie 和 Pessemier（1973）等诸多学者研究发现，感知风险并不是消费者在网络购物中唯一的敏感因素，感知收益对消费者购买决策行为的激励作用也很重要。本书基于不同购买参照点对消费者购买决策的影响主要集中研究在线消费者感知收益和感知损失两个方面。

一、感知收益对在线消费者购买态度和购买意愿的假设

感知收益（Perceived Benefit）又翻译为预见利益或感知利得，是指消费者在网络购物过程中所感受到的该行为可能会获得的利益和回报。感知

收益侧重于消费者的主观感受，消费者根据将要进行的行为活动进行判断，当购买某产品时，往往会考虑同时带来的物质或精神方面的收益，并权衡所付出的成本或投入的劳动价值，做出最终的购买决策。

网络销售市场相对于传统实体店市场拥有更多的竞争优势，网络销售平台高度的信息延展性和阅读的便捷性，极大地方便了消费者，减少了消费成本。此外，消费者还可将消费延伸到常见的问题解答、商品的注意事项以及使用步骤等。消费者有购买需求时，便可以直接登录到网络商场，享受各种网络平台提供的各种产品介绍和服务。网络媒介可以为潜在的消费者提供丰富的信息和有特色的服务，广告商家可以根据网络上的这些信息进行定向投放，有助于消费者准确地找寻相关产品。

前述优势仍属于消费者感知收益的范围。在消费者生活质量与购买效率方面，它无疑发挥着促进的作用，增加了消费者网络购买的频率，从而得出，购买参照点对在线消费者感知收益，以及对在线消费者的购买态度和购买意愿都会产生显著影响，因此本书提出以下研究假设：

假设7：消费者通过网络购物感知收益对网络购买态度有正向的显著影响。

假设8：消费者通过网络购物感知收益对网络购买意愿有正向的显著影响。

二、感知损失对在线消费者购买态度和购买意愿的假设

Oliver 研究发现，消费者金钱方面的损失、焦虑、紧张以及自尊的丢失会带来情绪的变化。张圣亮等（2010）对消费者感知损失的分类中，首先将消费者的感知损失分为两个方面，一方面由于消费者自己导致的损失，如错过了网络促销等活动；另一方面是由于网络服务失误，给消费者带来的损失。张圣亮等（2010）将服务失误定义为，商家提供的服务没有达到消费者可以接受的最低水平，也就是不能够满足消费者期望的要求，从而导致消费者不满意的情形。服务失误会给消费者带来一系列的负面情绪，如失望、不满、焦虑甚至生气等。消费者的损失可以分为精神损失和

物质损失。精神损失是指消费者在精神如尊严、荣誉、地位等方面遭受的损失；物质损失则指消费者在物质方面，如经济上、时间上或者产品质量缺陷等。本书在后面的调研问卷中主要考虑的是在线消费者对损失的主观感受，因此本书称之为"消费者感知损失"。

赵延昇（2012）将消费者感知损失分为功利损失和象征损失，通过对餐饮企业的调研发现，当服务损失发生后，消费者感知损失对其负面情绪和抱怨倾向以及重构意愿、负面情绪对后续行为意向均具有显著影响。也就是说，在服务失误发生后，消费者感知损失越大，其负面情绪越强烈，抱怨倾向也越强烈，再次关注本企业的可能性就越小。

假设9：消费者通过网络购物感知损失对网络购买态度有负向的显著影响。

假设10：消费者通过网络购物感知损失对网络购买意愿有负向的显著影响。

第五节　在线消费者的购买态度与购买意愿假设

一、在线消费者的购买态度

态度是指人们对客观事物或观念等社会现象所持一种情感的表现或人们的好恶观，基于这种心理倾向，人们可以对客观事物做出良好的反应，如赞成、支持；或不良的反应，如反对、拒绝、厌恶等。消费者的购买态度即为消费者对商品和服务表现出来的心理反应倾向。

诱因论将态度的形成看成是在权衡利弊之后而做出抉择的过程。按照诱因理论，诱因的相对强度决定一个人最终的态度。消费者对于某种产品或服务不仅有趋近的理由，同时也会有回避的理由。在 W. Edwards（1954）提出的期望价值理论，$U = V \times P$，U 表示主观效果，V 表示预期结果的价值，P 表示预期结果出现的概率。如果消费者的购买行为会带来较高的主观效用，消费者就会对此持肯定的态度；否则，会持消极否定的态度。

二、在线消费者的购买意愿

Ajzen（1985）将购买意愿定义为某个体从事特定购买行为的主观概率，可将其视为消费者选择某一产品的主观情绪。消费者购买某产品的态度，再加上一些外部因素，构成了消费者的购买意愿。一般情况下，消费者的购买意愿越强烈，他采取购买行为的可能性也就越大。由此，本书提出：

假设11：消费者的购买态度正向影响消费者的购买意愿。

本章小结

本章首先介绍了与本书研究相关的理论模型的发展，通过借鉴国内外学者关于消费者购买决策研究的比较成熟的模型，综合考虑在线消费者购买决策的显性参照点和隐性参照点，构建出基于不同参照点的在线消费者购买决策的概念模型。根据提出的概念模型，以及国内外相关的研究文献，在理论研究的基础上，本章进一步提出购买参照点在感知收益和感知损失维度，对在线消费者购买决策影响因素的相关研究假设，编制出不同购买参照点对消费者感知收益和感知损失的假设题项。

第四章

基于参照点的在线消费者
购买决策的问卷设计

第一节　问卷的设计思想

本章将在第三章假设的基础上，对模型中涉及的各个变量进行定义，并提出每个变量的可操作性题项。为了检验第三章假设模型的正确与否，本章首先会设计一项调查问卷，通过问卷获取研究的样本数据，并详细阐述调研问卷的设计思想、设计过程、各项变量的测量方法。

实证研究中对研究结果的正确性起着至关重要作用的是：问卷设计是否科学、合理，是否具有严密性。为了以科学的态度和严谨的方法设计问卷，本书在问卷的设计过程中遵循以下原则，以便最大限度地降低调研问卷的偏差：

（1）目的性原则。设置问卷题项时要从实际出发，简明扼要、明确突出问题的重点，调研问卷中切忌出现与主题不相关的内容。

（2）逻辑性原则。调研问卷中问题的排列应该具有一定的逻辑顺序，符合被调研者的思维程序。一般情况下，题项的顺序是先易后难、先具体后抽象、先简后繁。

（3）通俗性原则。要使问卷中的问题适合潜在的应答者，被调查者能够充分地理解问项，能够正确并乐于回答题项。由于被调研者具有不同的文化背景，调研问卷中应该尽量少地出现专业术语，应该采用简单的语句表达问题。如果专业术语过多，容易使被调研者误解，反而影响数据的准确性。

（4）便于处理性原则。设计好的问卷在调查完成后，为了判别其实用性和正确性，应该能够方便地对所采集的信息资料进行检查核对，同时便于整理和统计分析调查结果。

第二节　问卷产品的选择

Nelson（1974）从信息经济学的角度将商品分为体验型商品和搜索型商品。体验型商品是指消费者在购买前通过商家介绍等信息并不能够准确获知质量等信息的商品，如服装、农产品等；搜索型商品是指消费者在购买前能够准确获知商品质量等信息的商品，如电脑、数码相机、手机等。Norton（1988）在此基础上，增加了一种信用型商品，信用型商品是指即使这种商品被消费，消费者仍然不能够准确获知此类产品的属性，如教育培训、管理咨询等。

针对网络购物环境，按照商品形态的不同，可以分为实物商品和虚拟商品两大类。实物商品是指具有具体的物理形态的物质商品；虚拟商品是指不具备具体的物质形态的商品，例如数字类商品和服务类商品。按照消费者感知的不同，网络商品又可分为体验品和搜索品。Mitra 等（1999）按照商品的信息特征，将网络商品分为搜索型商品、体验型商品和信任型商品。网络市场中的搜索型商品是指商品属性易于以文字形式在网站上表述和搜索的商品。网络市场中的体验型商品是指商品属性不易于在网站上表达而更易于实际感受的商品。由于本书采用问卷调研方式，实物搜索型商品作为一种较为标准化的商品，有利于研究数据的搜集。数码相机可以记录人们生活中的点点滴滴，是大多数消费者外出游玩的必备工具，已经被越来越多的消费者接受。数码相机通过网络销售的渠道也非常多。基于此，本书主要选择京东商城网站上不同品牌的数码相机作为研究对象，图 4-1 为 2013 年 5 月消费类数码相机品牌市场占有率排行情况。

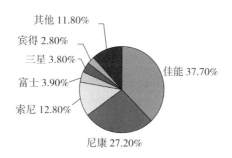

图 4-1　2013 年 5 月消费类数码相机品牌市场占有率排行

资料来源：http：//zdc.zol.com.cn（2013.6）。

第三节　问卷结构设计与量表开发

本书以网络产品作为研究对象，在问卷的设计方面，在借鉴国内外成熟的量表基础上，结合网络产品的特点，选取目前国内网络销售较好的电子产品作为研究对象。然后与有多年网络购物经验的消费者进行访谈，对初始题项进行修正，确定初步的问卷。然后与本书研究的教授和博士、硕士研究生进行沟通探讨，讨论一些细节以及问项的措辞等，对问卷进行进一步的修改，形成问卷稿并进行问卷调研。调研问卷主要包括不同购买参照点对在线消费者感知收益、感知损失，以及在线消费者的购买态度和购买意愿四部分内容。

一、不同参照点对在线消费者感知的测量

1. 不同参照点的在线消费者感知收益的测量

根据第三章提出的假设，参考 Steven（2009）、Corbitt（2003）、苏伟（2012）、邹俊（2011）、临阵徐（2007）、Chen（2004）、Pavlou（2003）、

瓦瑜（2014）、陈卫平（2009）、高华超（2011）、桑琳（2008）、王崇（2007）、李攀（2013），并结合我国消费者网络购物的特点，本书将感知收益的测量题项设计如表4-1所示。

表4-1　不同参照点对感知收益测量项目

代码	测量项目	参照点
PB1	网络市场上的产品价格总是比传统市场上的购买价格低。例如实体店出售价格为2145元，网络卖1268元包邮，我更愿意购买网络出售的照相机	价格参照
PB2	我认为通过网络购买该产品能享受更优惠的价格	价格参照
PB3	我过去的网络购买好的经历会影响我当前对照相机的购买决策	框架参照
PB4	通过阅读网络照相机的产品说明，会改变我的购买决策	框架参照
PB5	××品牌对我来说不可替代，使用该品牌的产品是一件愉快的事情	产品品牌属性
PB6	××品牌是我生活中的重要组成部分，该品牌的形象与我的身份相符	产品品牌属性
PB7	在网络市场挑选照相机时，我很在意网友对此商品的评价	产品评论
PB8	我购买的照相机其评论的评分比较高	产品评论
PB9	网络购物时，该品牌的照相机总有新产品供我选择，使我感到满意	目标参照
PB10	与实体店购买相比，购买电子产品，我更愿意通过网络购买	消费者偏好
PB11	我更喜欢从网络购买品牌知名度高的产品	消费者偏好

资料来源：笔者根据Steven（2009）、Corbitt（2003）、苏伟（2012）、邹俊（2011）、临阵徐（2007）、Leida Chen（2004）、Paul Pavlou（2003）、瓦瑜（2014）、陈卫平（2009）、高华超（2011）、桑琳（2008）、王崇（2007）、李攀（2013）整理而得。

2. 基于参照点的感知损失的测量

根据第三章提出的假设，参考杨宜苗（2010）、苏伟（2012）、瓦瑜（2014）、陈卫平（2009）、桑琳（2008）、王崇（2007）、李攀（2013）、刘丽（2014）、Chang和Cheung（2001），并结合我国消费者网络购物的特点，将感知损失的测量题项设计如表4-2所示。

表4-2　不同参照点对感知损失测量项目

代码	测量项目	参照点
PL1	通过网络购买到产品后，再去实体店查看，如果价格相同时，我会有一种失落感	价格参照
PL2	网络商店出售原价为2145元的相机，现价1268元出售，我没有购买会感到失望	价格参照
PL3	网络商店出售原价为2145元的相机，现促销赠送赠品，我没有购买会感到失望	价格参照
PL4	我认为通过网络购买这款相机不值这个钱	价格参照
PL5	我过去的网络购买不好的经历会影响我当前对照相机的购买决策	框架参照
PL6	与实体店相比，通过网络购买产品需要注册填写许多内容才能购买我觉得很麻烦	框架参照
PL7	××品牌对我来说很重要，不购买会令我失望	产品品牌属性
PL8	××品牌并不能引起我的注意	产品品牌属性
PL9	在是否购买这款商品的决策中我会参考产品的负面评论	产品评论参照
PL10	产品负面评论会对我购买这款商品的决策产生影响	产品评论参照
PL11	网络购物时，如果没有选择该品牌我会感到遗憾	目标参照
PL12	通过网络购物，转换到其他品牌会令我觉得损失很大	目标参照
PL13	我认为网络购买品牌照相机与增添生活乐趣并没有关系	消费者偏好
PL14	我从网络购买的这种品牌照相机没有达到我期望的质量	消费者偏好
PL15	我从网络购买此品牌的照相机性价比低	消费者偏好

资料来源：笔者根据杨宜苗（2010）、苏伟（2012）、瓦瑜（2014）、陈卫平（2009）、桑琳（2008）、王崇（2007）、李攀（2013）、刘丽（2014）、Chang 和 Cheung（2001）整理而得。

二、消费者网络购物感知收益的测量

感知收益是指消费者从网络产品或服务中所能感受到的收益，是消费者基于主观的感知评价。感知收益强调的是一种主观感受，对消费者的某些行为的持续性具有重要影响。例如，消费者通过网络购买某产品时会考虑在哪些方面得到了物质或精神上的收益，同时也会考虑为此付出的成本，对比后才会进行下一步的购买决策行为。表4-3题项设计的目的是考察消费者对购物网站的感知收益。

表4-3　感知收益测量项目及理论依据

代码	测量项目	资料来源
PG1	我觉得在网络购物很方便	胡卫星（2011）
PG2	通过网络购物，使我有更多的选择空间	张汉鹏等（2013）
PG3	通过网络购物，会使我的生活充满乐趣	笔者补充整理
PG4	通过网络购物，会使我保持良好的心态	
PG5	通过网络购物，我可以买到一些现实生活中买不到的商品	

三、消费者网络购物感知损失的测量

在某种程度上，网络购物在方便的同时，也减少了购物带来的快乐。由于消费者对网络商品的了解只能通过图片和文字描述来完成，不能像去商场一样，可以任意挑选和试用。通过网络购物，消费者并不能体验到在网络交易完成后，立刻拿到商品的满足感。本书结合我国网络购物中使消费者感知损失的特点，参考王士红（2012）、张汉鹏等（2013）等文献，设计消费者网络购物感知损失的测量题项如表4-4所示。

表4-4　感知损失测量项目及理论依据

代码	测量项目	资料来源
PLL1	通过网络购物，使我失去了在传统实体店购买的休闲乐趣	王士红（2012）
PLL2	通过网络购物，不能更切实直观地看到商品，很容易买到以次充好的商品	张汉鹏等（2013）
PLL3	通过网络购买到的商品，颜色、外观与自己购买前想象的并不相同	笔者补充整理
PLL4	通过网络购买，我有可能付款后不能获得我的货物	

四、消费者网络购买态度的测量

根据交易价值理论，消费者进行购买决策行为时，会综合考虑特定购

买行为带来的收益和损失，并将得失权衡后的结果作为是否购买的直接原因。Monroe（1991）认为，消费者感知得与失之间的权衡体现了对产品感知收益与因此而支付产生的感知损失之间的权衡。在线消费者的购买态度是指消费者喜欢通过网络购物并认为它是一个好主意的程度。网络市场的研究中，出现较多的是消费者感知风险对购买态度方面的影响。郝静和乔娟（2009）研究发现，消费者的购买态度是个体情感的构架，反映了消费者对某产品的消费偏好，会进一步引起消费者更加明显的购买行为意向。Kassarjian针对消费者对环境污染的购买态度时研究发现，可以使用购买态度预测消费者是否愿意以较高的价格，购买低污染汽油。蔡佳伶（1994）在消费者购买态度和购买行为的研究中发现，消费者在纸张回收态度对纸张回收行为意图方面，具有显著的影响。

目前针对感知收益和感知损失与购买态度之间的研究较少，Kim、Ferrin和Rao（2008）研究了信任、感知风险对网络购物决策的影响，他们建立的模型主要讨论了感知风险的前因性因素与感知收益和感知风险对购买意图的影响。研究结果表明，信任、感知收益和感知风险对购买意图的影响显著。Kwon和Lee（2009）针对消费者接纳网络银行的态度时研究发现，消费者感知收益对其购买态度和购买意图具有显著影响。本书是分析在线消费者通过不同购买参照点的影响，感知到收益和损失后的一般性的态度、主观规范等影响。表4-5为购买态度测量项目及理论依据。

表4-5　购买态度测量项目及理论依据

代码	测量项目	参考来源
RA1	我认为通过网络购买相机之类的电子产品是明智的	Wolfgang等（2001）
RA2	在决定通过网络购买产品之前，我会先仔细考虑一下	Keen等（2004）
RA3	通过网络购买下列产品前，我希望能详细了解产品的相关信息	笔者补充整理

五、消费者网络购买意愿的测量

Demby（1974）认为："购买意愿是人们评估、获得及使用经济性商

品或服务的决策过程及实际行动。"Dodds、Monroe 和 Grewal（1991）针对
消费者的购买意愿指出，消费者的购买意愿是指他们愿意去购买某种产品
的可能性的多少，消费者对该商品了解的信息越多，了解得越全面，购买
该商品的可能性就越大。Pires（2004）等研究在网络购买中，消费者进行
购买的前提是消费者愿意承担风险也就是接受损失的可能性。本书总结以
往对购买意向的研究文献，从消费者的购买意愿、推荐意愿、再次购买意
图三个方面设计了四个题项测量消费者在网络购物过程中的购买意图，分
别为：①我愿意通过该网络店铺购买该商品；②我会将该网络店铺推荐给
朋友；③在购买完这款商品后，我愿意再次在该网络店铺购买自己需要的
商品（见表4-6）。

表4-6　网络购买意愿量表

代码	测量项目	参考来源
PD1	当需要相机之类的电子产品时，我愿意通过网络店铺购买	Pavlou（2003）
PD2	与在传统实体店相比，我倾向于通过网络购买下列产品	Chen（2004） 苏伟（2012） 邹俊（2011） 崔楠等（2013）
PD3	在购买完这款相机后，我愿意再次在该网络店铺购买自己需要的商品	
PD4	我会将该网络店铺推荐给朋友	笔者补充整理

第四节　问卷变量的测量

　　本章上一节根据消费者不同的购买参照点，比较详细地阐述了对消费
者感知收益、感知损失、购买态度和购买意愿四个变量，同时制定出了每
个变量的测量项目。本节将在这些定义好的变量的基础上，结合网络市场
环境下不同购买参照点对消费者购买决策影响的特点，提出对应测量项目
的详细的测量方法。

　　消费者的测量量表主要包括两种：瑟斯顿量表和李克特量表。瑟斯顿量表最早于 1929 年由瑟斯顿提出。该量表首先搜集一些与研究态度相关的评价，并且邀请一些业内专家将这些评价按照从"最不赞同"到"最赞同"进行分类，例如分为 11 类。然后对这 11 类评述进行筛选，形成包含约 20 条意义明确的评价集，沿着由"最不赞同"到"最赞同"的连续统计进行分布。参加态度测量的人从评价集中选择标注他所同意的评价，他所标注同意评价的平均量表值就是他在这一问题上的态度分数。瑟斯顿量表法的主要贡献是提出了基于"赞同"或"不赞同"的基础上测量态度的方法，并且直到现在仍是多数量表的基本建表方法。但是这一方法的主要缺点在于费时复杂、不方便。

　　1932 年，R. 李克特简化了态度的测量方法，该量表把每个项目的得分直接相加即可，不用再对每个项目进行预先的判断。李克特量表也主要由一系列的陈述组成，一般采用五点或七点量表，本书采用李克特七级量表对问卷进行设计。

一、显性参照点对消费者感知的测量

　　本节针对显性参照点对在线消费者感知收益和损失一共设计了 18 个测量项目，为了向被调查者传递明确的信息，每个项目均采用了肯定的陈述语句，以供被调查者判断在多大程度上赞同或不赞同。本书采用李克特七级量表测量被调查者的赞同或反对的程度，语气由反对到赞同，量表的测量采用李克特七点量表，用数字分别表示为"1 = 完全不同意、2 = 不太同意、3 = 略微不同意、4 = 不确定、5 = 略微同意、6 = 比较同意、7 = 完全同意"。如表 4-7 所示。其他测量项目的测量方法与此类似，详细内容参见附录。

表 4-7　显性参照点对消费者感知的测量

PB1：网络市场上的产品价格总是比传统市场上的购买价格低。
例如实体店出售价格为 2145 元，网络卖 1268 元包邮，我更愿意购买网络出售的照相机
1 = 完全不同意、2 = 不太同意、3 = 略微不同意、4 = 不确定、5 = 略微同意、6 = 比较同意、7 = 完全同意

二、隐性参照点对消费者感知的测量

隐性参照点的测量项目中每条项目均采用陈述语句，对消费者感知的测量项目共有 14 个问项，提出了在不同的参照点影响下，消费者在网络购买时可能出现的损失问题，以供被调查者判断，并采用李克特七级量表测量，语气由反对到赞同，量表的测量采用李克特七级量表，用数字分别表示为"1＝完全不同意、2＝不太同意、3＝略微不同意、4＝不确定、5＝略微同意、6＝比较同意、7＝完全同意"。如表 4-8 所示。其他测量项目的测量方法与此类似，详细内容参见附录。

表 4-8　隐性参照点对消费者感知的测量

PB10：我认为该网站能够提供及时、准确的信息
1＝完全不同意、2＝不太同意、3＝略微不同意、4＝不确定、5＝略微同意、6＝比较同意、7＝完全同意

三、消费者感知收益的测量

消费者感知收益共有五个测量项目，每个项目均采用了陈述语句，项目测量采用李克特七级量表，语气由反对到赞同，用数字分别表示为"1＝完全不同意、2＝不太同意、3＝略微不同意、4＝不确定、5＝略微同意、6＝比较同意、7＝完全同意"。如表 4-9 所示。其他测量项目的测量方法与此类似，详细内容参见附录。

表 4-9　在线消费者感知收益的测量

PG1：我觉得在网络购物很方便
1＝完全不同意、2＝不太同意、3＝略微不同意、4＝不确定、5＝略微同意、6＝比较同意、7＝完全同意

在线消费者感知损失按照式（4-1）计算，其中 PG_i 表示消费者感知收益第 i 个测量项目的分值。

$$PG = \sum_{i=1}^{5} PG_i \qquad (4-1)$$

四、消费者感知损失的测量

在感知损失的测量上，本书的量表主要参考刘波（2007）的感知交易价值损失量表、Zeithaml（1988）的感知价值量表的反向设计以及 Kankanhalli、Wasko 和 Faraj 的研究成果，考虑到在线消费者感知购买损失的严重性和感知损失引起消费者购买决策的不确定性，测量消费者感知损失的大小。在具体感知损失的测量上，本书构建了四个测量项目，每个项目均采用了陈述语句，项目测量采用李克特七级量表，语气由反对到赞同，用数字分别表示为"1＝完全不同意、2＝不太同意、3＝略微不同意、4＝不确定、5＝略微同意、6＝比较同意、7＝完全同意"。如表 4-10 所示。其他测量项目的测量方法与此类似，详细内容参见附录。

表 4-10 在线消费者感知损失的测量

PL1：我很愿意通过网络购买下列产品
1＝完全不同意、2＝不太同意、3＝略微不同意、4＝不确定、5＝略微同意、6＝比较同意、7＝完全同意

在线消费者感知损失按照式（4-2）计算，其中 PL_i 表示消费者感知损失第 i 个测量项目的分值。

$$PL = \sum_{i=1}^{4} PL_i \qquad (4-2)$$

五、消费者购买态度的测量

购买态度共有三个测量项目，每个项目均采用了陈述语句，项目测量采用李克特七级量表，语气由反对到赞同，用数字分别表示为"1＝完全不同意、2＝不太同意、3＝略微不同意、4＝不确定、5＝略微同意、6＝比较同意、7＝完全同意"。如表4-11所示。其他测量项目的测量方法与此类似，详细内容参见附录。

表4-11　在线消费者购买态度的测量

RA1：我很愿意通过网络购买下列产品
1＝完全不同意、2＝不太同意、3＝略微不同意、4＝不确定、5＝略微同意、6＝比较同意、7＝完全同意

在线消费者购买态度按照式（4-3）计算，其中 RA_i 表示消费者购买态度第 i 个测量项目的分值。

$$RA = \sum_{i=1}^{3} RA_i \qquad (4-3)$$

六、消费者购买意愿的测量

本书参考 Pavlou（2003）、Chen（2004）、邹俊（2011）、苏伟（2012）、崔楠等（2013）以及王崇（2013）等在线消费者购买意愿的测量量表，用三个测量项目进行测量，并且每个测量项目均采用陈述语句，尽可能体现在线消费者的购买意愿。在项目测量上，采用李克特七级量表，语气由反对到赞同，用数字分别表示为"1＝完全不同意、2＝不太同意、3＝略微不同意、4＝不确定、5＝略微同意、6＝比较同意、7＝完全同意"。如表4-12所示。其他测量项目的测量方法与此类似，详细内容参见附录。

表4-12　在线消费者购买意愿的测量

PD1：当需要下列产品时，我愿意通过网络购买
1＝完全不同意、2＝不太同意、3＝略微不同意、4＝不确定、5＝略微同意、6＝比较同意、7＝完全同意

在线消费者购买意愿按照式（4-4）计算，其中 PD_i 表示消费者购买

意愿第 i 个测量项目的分值。

$$PD = \sum_{i=1}^{3} PD_i \tag{4-4}$$

本章小结

为了验证第三章提出的假设模型正确与否，本章首先通过参考前人文献对模型中涉及的各个变量进行定义，并提出每个变量的可操作性题项。然后以在线消费者基于不同参照点感知收益、感知损失、购买态度和购买意愿作为调查变量，结合国内外前人的参考文献、我国网络市场出售的小型电子产品（数码相机）的特点及本书的研究目的，设计出 39 个测量项目，详细地描述了这些项目具体的测量方法。

第五章

购买参照点对其决策影响的问卷发放与样本分析

第一节　预调研与样本对象界定

前一章通过文献研究获得初步的调研问卷题项后，本章将首先针对不同购买参照点对消费者购买决策影响的调研问卷进行预调研，使用 PASW Statistics18.0 检验预调研数据的信度和效度，对调研问卷进行更加详细的检查，将有问题的测量题项进行修改及剔除，最后形成正式问卷，从而获得较好题项内容的信度和效度，以及合适的、高质量的指标问卷。

本章的调研问卷主要包括四个方面：第一部分为被调研者的基本情况；第二部分为调查被调研者通过网络购买产品基于不同参照点感知收益情况；第三部分为调查被调研者通过网络购买产品基于不同参照点感知损失情况；第四部分为消费者对网络购物中感知收益和损失、购买态度和购买意愿情况。在问卷的问项设计方面，第一部分为一般性选择题，第二、第三、第四部分为李克特七级量表。

一、问卷预调研

预调研是对目标群体进行小样本预调查，根据反馈的信息及数据修改测量的题项，使其更加清楚简洁，更加合理，并更加能够说明问题。逐步提高问卷的信度、效度和可理解性，最终形成正式问卷。本书的预调研选择以在校大学生为主，预调研问卷共 175 份，剔除无效文件，最终得到 168 份，有效回收率为91%。进行预调研后，大部分被调查者主要提出了以下三个问题：

（1）问卷的填写清晰度不够，个别题目调研者觉得不清晰。

（2）问卷中存在重复题项，容易使答题者产生厌烦情绪。

（3）本问卷调查的题项稍多。

根据以上问题，笔者对问卷做出如下修正：首先，与被调研者充分沟通后将调研题项进行调整，力求采用平实的语言，清晰地表达问题意思；其次，删除重复及不必要的问项，便于调研对象能够最大限度地真实填写自己的购物决策感受，解决上述问题后形成了最终正式的调研问卷。修正后的调研问卷详见附录三。

二、样本对象与规模界定

1. 样本对象

Devaraj 和 Cheung（2002）研究发现，消费者个体的人口统计特征，如年龄、收入、所受教育程度等与消费者潜在的购买态度和购买意愿有着显著的相关关系。本书结合题项的设置，考虑到样本的多样性，选择了在网络上购买过产品的在线消费者作为研究对象，对研究对象的基本要求主要包括两个方面：首先被调研者必须具有一定的网络购物经验；其次被调研者具有稳定的网络购物的习惯。

2. 样本规模

样本数量的标准制定中，Gorsuch（1983）的研究标准得到了比较广泛的应用，他认为样本的数量应该保证被调研者与测量题项之间的比例在5∶1以上，最好可以达到10∶1。基于此，本书根据这项标准，所用量表的测量题项数目为44项，其中量表相关问项有39项，本书中被调研者样本量大于220份就可以满足最低要求。

第二节　问卷发放和收集

本书正式的问卷调研从2014年7月1日至9月1日，历时两个月。本章的问卷发放主要采用两种方式：网络调研与线下传统调研。采用这两种方式相结合的问卷调查方式收集数据。

　　互联网问卷调研主要通过问卷星网站和电子邮件的方式发放给同事、同学和朋友，并请他们转发给自己的同事或同学。首先，网上调研可以把调研者和被调研者拉得更近；其次，网上调研明显比传统的方法及时并且更能明显地降低成本。这种调研方式能够迎合被调研者的心理，从而产生积极的回应，对于有效识别与确认在线消费者有较大的帮助。

　　在本书研究中，线下纸质问卷的发放对象主要是高校大学生和研究生。笔者及同学朋友在高校课堂、食堂以及图书馆，将问卷发放给有过网络购买经历的高校大学生。在纸质问卷的填写过程中，笔者给问卷调研者提供了较为详细的说明，有助于问卷填写质量的提升，提高问卷的调查效果。问卷的剔除标准为：一是没有填写完整的问卷，即采用个案删除法处理缺失值。也就是将存在缺失值的个案直接删除。二是问卷中出现连续十个及以上问题相同的选择答案。最终得到有效问卷 506 份，其中纸质问卷的有效回收率为 82%。

第三节　样本描述性统计分析

　　样本描述性统计分析是指对样本数据的各种基本特征进行分析，以便于描述测量样本的各种特征以及所代表的总体特征，主要通过平均数、标准差或百分比等统计数据来了解被调查样本的结构和分布，包括性别结构、年龄结构、学历结构和消费者收入结构特征。通过对在线消费者的基本特征数据统计与描述性分析，可以直观了解消费者所呈现出的个体差异以及群体特征，从而为在线消费者购买决策过程中所呈现的差异性提供数据支持。

　　本书根据问卷对样本特征进行的整理结果如表 5-1 所示，有效回收的调研样本中男性占 49%、女性占 51%，本问卷中女性略多于男性，男性与女性的比例大约为 1：1，与 CNNIC（2013）公布的我国网民的性别比例

56：44 比较接近。年龄分布中 25~44 岁的消费者比较多，占 68.8%。学历中，大专、本科生的比例较大，占 64.2%。收入中，5001~8000 元的消费者比例较大，占 32.8%，其次是 2501~5000 元的消费者，占 30.0%。

表 5-1　消费者样本数据的统计学分析

变量名称	变量分类	频数（人）	比例（%）
性别	男性	248	49
	女性	258	51
年龄	18~24 岁	73	14.4
	25~34 岁	170	33.6
	35~44 岁	178	35.2
	45~54 岁	55	10.9
	55 岁以上	30	5.9
教育程度	小学	2	0.4
	初中及以下	38	7.5
	高中、中专	103	20.4
	大专、本科	325	64.2
	研究生及以上	38	7.5
网络购买经验	无	0	0
	1 年以内	138	27.3
	1~2 年	183	36.1
	2~3 年	129	25.5
	3 年以上	56	11.1
收入	2500 元以下	103	20.4
	2501~5000 元	152	30.0
	5001~8000 元	166	32.8
	8001~12000 元	74	14.6
	12000 元以上	11	2.2

第四节　信度分析与效度分析

信度和效度分析是测验问卷结果内部一致性和可靠性、稳定性的方法。本书采用 PASW Statistics18.0 软件对数据进行信度和效度分析。

一、信度分析

信度是指各项指标的可靠性，是指采用同样的方法对相同对象重复测量时所得结果的一致性程度。信度检验方法一般分为三类：重测信度法、折半信度法和 Cronbach's Alpha 信度系数法。一般使用信度系数的值来测量量表的信度，并认为 Cronbach's Alpha 系数大于 0.6 为可信。本书采用 Cronbach's Alpha 系数和个别项目信度进行信度检验，其中运用 PASW Statistics18.0 中的"分析→度量→可靠性分析"命令，来计算 Cronbach's Alpha 系数，验证性因子分析的运算结果经整理如表 5-2 所示。

表 5-2　信度分析结果

	Reliability Statistics Cronbach's Alpha	项数
整体问卷信度	0.930	39
不同参照点对消费者感知收益方面	0.893	11
PB1~PB2：价格维度	0.793	2
PB3~PB4：框架维度	0.662	2
PB5~PB6：产品品牌属性维度	0.776	2
PB7~PB8：产品评论维度	0.795	2
PB9：目标维度	0.690	1
PB10~PB11：消费者偏好维度	0.677	2

续表

	Reliability Statistics Cronbach's Alpha	项数
不同参照点对消费者感知损失方面	0.876	12
PL1~PL2：价格维度	0.770	2
PL3~PL4：框架维度	0.663	2
PL5~PL6：产品品牌属性	0.798	2
PL7~PL8：产品评论维度	0.754	2
PL9~PL10：目标维度	0.724	2
PL11~PL12：消费者偏好维度	0.704	2
网络购物感知收益和损失方面		9
PG1~PG5：感知收益	0.715	5
PLL1~PLL4：感知损失	0.725	4
购买态度和购买意愿方面		7
RA1~RA3：网络购买态度	0.778	3
PD1~PD4：网络购买意愿	0.765	4

从表5-2中关于 Cronbach's Alpha 系数可以看出，整体问卷的 Alpha 信度系数为 0.930，对问卷中每个潜变量的信度分别检验，其中不同参照点对感知收益的信度为 0.893，不同参照点对感知损失的信度为 0.876，网络购物感知收益的信度为 0.715，网络购物感知损失的信度为 0.725，购买态度的信度为 0.778，购买意愿的信度为 0.765，信度均在 0.7 以上。学者 DeVellis（1991）研究认为，信度在 0.80~0.90 表示非常好；在 0.70~0.80 表示相当好；在 0.65~0.70 表示最小可接受值；在 0.60~0.65 表示不好，最好不要。据此，本书从检验结果可以看出，本问卷收集的数据具有较高的可信度。

二、效度分析

效度是指测量的正确性或者测量的有效程度，主要评价量表的准确度、有效性和正确性。即使用测量工具或手段能够准确测出所要测量的事物的程度，效度分析主要包括内容效度和结构效度。内容效度是指测验项目代表所要测量的内容和引起预期反应所达到的程度。结构效度是指某测验对所要测量的结构或心理特质实际测量的程度。

1. 总体效度分析

首先进行 KMO 检验及 Bartlett 的球形度检验。KMO 检验主要判断变量之间的相关性，通过比较各个变量之间的简单相关系数和偏相关系数，当相关性比较强时，简单相关系数远大于偏相关系数，此时 KMO 值接近 1。Kaiser（1974）提出的 KMO 值的判断标准为：KMO<0.5 时不适宜做因子分析，当 0.5<KMO<0.7 时表示效果较差，0.7<KMO<0.8 代表勉强可以做因子分析，当 0.8<KMO<0.9 时代表比较适合做因子分析，如果 KMO>0.9 表示非常适合做因子分析。如果 KMO 检验统计值比较大，则表明在给定的显著性水平下，单位矩阵与相关系数矩阵具有显著的差异，就会拒绝原假设，适合做因子分析。本章进行计算得出 KMO 值为 0.913，达到了"优良"标准，表明适合进行主成分分析。

Bartlett 的球形度检验方法主要用于检验各个变量之间的独立关系，检验的方法是通过判断各个变量之间的相关矩阵是否为单位矩阵。Bartlettr 的球形度检验通过判断变量之间的偏相关系数矩阵的非对角线数值是否都为零，来衡量变量是否适合进行主成分分析。在进行因子分析时，若统计量对应的概率值与指定概率值不符，则符合相关矩阵不为单位矩阵的零假设，表明各因子之间的相关性较为显著，具备做因子分析的条件，若统计量对应的概率值与指定概率值相符，表明相关矩阵为单位矩阵，各因子之间独立性较强，缺少公因子，不适合进行因子分析。本书中 Bartlett 的球形度检验值为 13990.393，在自由度为 903 时，已达显著水平，因此可以拒绝零假设，表明本书收集的数据可以进行主成分分析。

表 5-3　KMO 和 Bartlett 的检验值

取样足够的 KMO 度量		0.835
Bartlett's Test of Sphericity（Bartlett 的球形度检验）	Approx. Chi-Square（近似卡方）	12366.048
	df 自由度	741
	Sig. 显著度	0.000

2. 因子分析共同度

因子分析共同度是表示各变量中所含原始信息能被提取的主成分所表示的程度，由表 5-4 的统计结果可以看出，几乎所有变量共同度基本都大于 50%，这个分析给出从每个原始变量中提出的信息，因此提取出的这几个主成分对各变量的解释能力是较强的。

表 5-4　变量共同度

变量	初始变量共同度	变量共同度	变量	初始变量共同度	变量共同度
PB1	1.000	0.631	PL1	1.000	0.889
PB2	1.000	0.649	PL2	1.000	0.802
PB3	1.000	0.584	PL3	1.000	0.817
PB4	1.000	0.559	PL4	1.000	0.825
PB5	1.000	0.514	PL5	1.000	0.647
PB6	1.000	0.848	PL6	1.000	0.690
PB7	1.000	0.628	PL7	1.000	0.665
PB8	1.000	0.811	PL8	1.000	0.570
PB9	1.000	0.524	PL9	1.000	0.599
PB10	1.000	0.851	PL10	1.000	0.637
PB11	1.000	0.511	PL11	1.000	0.582
RA1	1.000	0.712	PL12	1.000	0.570
RA2	1.000	0.711	PD1	1.000	0.675
RA3	1.000	0.712	PD2	1.000	0.756
PG1	1.000	0.817	PD3	1.000	0.547
PG2	1.000	0.869	PD4	1.000	0.584

续表

变量	初始变量共同度	变量共同度	变量	初始变量共同度	变量共同度
PG3	1.000	0.857	PLL1	1.000	0.752
PG4	1.000	0.858	PLL2	1.000	0.788
PG5	1.000	0.841	PLL3	1.000	0.786
			PLL4	1.000	0.774

3. 各成分的方差贡献率和累积贡献率

表5-5是各成分的方差贡献率和累积贡献率，第二列为初步抽取的主成分结果，也就是每一主成分的特征值，特征值一般要求大于1。特征值越大，那么该主成分在解释变量的变异量时的重要性也越大。第三列代表可以用来解释变异量的每一因子的百分比。第四列表示所解释变异量的累积百分比。由表5-5的统计结果可知，前11个特征根大于1，前11个因子的方差贡献率达到70.633%（Cumulative %），因此选前11个公因子就能解释70.633%原始变量所包含的信息。

表5-5　方差贡献率和累积贡献率

成分	初始特征值			提取平方和载入		
	合计	方差（%）	累计（%）	合计	方差（%）	累计（%）
1	9.825	25.193	25.193	9.825	25.193	25.193
2	4.362	11.186	36.379	4.362	11.186	36.379
3	2.631	6.746	43.125	2.631	6.746	43.125
4	1.780	4.563	47.688	1.780	4.563	47.688
5	1.525	3.909	51.597	1.525	3.909	51.597
6	1.518	3.893	55.490	1.518	3.893	55.490
7	1.370	3.514	59.004	1.370	3.514	59.004
8	1.230	3.154	62.158	1.230	3.154	62.158
9	1.157	2.968	65.126	1.157	2.968	65.126
10	1.119	2.869	67.995	1.119	2.869	67.995
11	1.029	2.638	70.633	1.029	2.638	70.633

续表

成分	初始特征值			提取平方和载入		
	合计	方差（%）	累计（%）	合计	方差（%）	累计（%）
12	0.871	2.234	72.868			
13	0.847	2.171	75.038			
14	0.770	1.973	77.011			
15	0.701	1.797	78.809			
16	0.695	1.782	80.590			
17	0.662	1.696	82.287			
18	0.637	1.633	83.920			
19	0.575	1.476	85.396			
20	0.549	1.407	86.803			
21	0.490	1.257	88.060			
22	0.479	1.227	89.287			
23	0.435	1.114	90.401			
24	0.391	1.002	91.403			
25	0.372	0.953	92.357			
26	0.359	0.920	93.276			
27	0.350	0.896	94.173			
28	0.325	0.833	95.005			
29	0.308	0.790	95.795			
30	0.304	0.778	96.573			
31	0.283	0.725	97.298			
32	0.263	0.675	97.973			
33	0.193	0.495	98.468			
34	0.164	0.421	98.889			
35	0.152	0.389	99.278			
36	0.115	0.295	99.574			
37	0.090	0.231	99.805			
38	0.040	0.104	99.908			
39	0.036	0.092	100.000			

4. 陡坡检验

根据主成分解释变异量递减原理，陡坡检验就是从高到低，将每一主成分的特征值依序绘制成一条坡线，坡线突然急剧升起的主成分就是应该保留的主成分数目。决定的标准可从陡坡图特征值最小的一个主成分往右边，循着各主成分特征值，画出一条近乎垂直的直线，两条线交叉点以上的主成分就是所该保留的主成分数目。

陡坡检验图中横坐标和纵坐标分别表示因子数目和特征根。从图 5-1 可以看出，对原有变量解释贡献率最大的是第一个因子特征根，因为这个因子的特征根相对较高。从第六个因子开始，以及第六个之后的因子，由于这些因子的特征根值均比较小，因此它们对于解释原有变量的贡献率都比较小，这表明提取到六个因子与实际是一致的，符合理论模型中六个变量的设定。

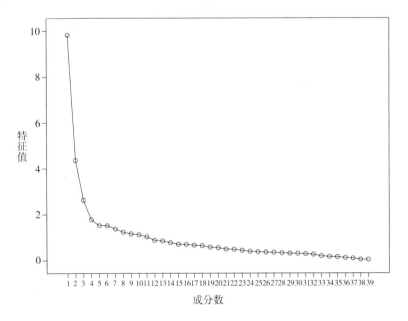

图 5-1　碎石图

5. 效度的结论

本书调研问卷采用了结构效度对效度进行检验，因子分析中，各因子累积方差解释率达到 60% 以上，表明本量表具有较好的结构效度。同时在因子分析结果中，KMO 值大于 0.7，球形检验的 P 值为 0.000，变量共同度大于 0.5，因子累积方差的解释率为 70.633%，说明整体问卷的结构效度良好。

本章小结

本章对收集到的有效问卷进行了整理分析，首先，使用 PASW Statistics18.0 统计分析软件对各量表进行题项分析，验证题项是否显著。其次，对测量量表整体及各分量表进行信度检验和效度检验，得出最终检验结果。结果表明，本问卷的信度和效度结构良好，可以进行下一步的结构方程分析研究。

第六章

购买参照点对其决策影响的结构方程研究

本书基于问卷调研收集的数据进行实证分析，旨在检验根据理论模型提出的研究假设与调研数据的契合程度，研究主要采用结构方程模型方法。结构方程模型又称协方差结构分析，是心理衡量学与计量经济学等学科研究方法结合的结晶，它是一种多元统计分析方法，可以根据变量的协方差矩阵来分析变量之间的关系，是一般线性模型的拓展。它综合了因子分析、回归分析和路径分析等统计方法，通过改进探索性因子、验证性因子，并综合使用路径分析、方差分析和多元回归分析来处理可直接观察变量与不可直接观察变量之间的关系，主要应用于管理学、经济学、心理学等领域。

与传统的回归分析比较，结构方程模型（Structural Equation Modeling, SEM）的优点体现在以下几点：

（1）SEM 程序可以同时提供独立参数估计检验和总体模型检验。

（2）验证性因子分析模型可以净化误差，使测量误差更少地污染潜变量间的关联估计。

（3）可以同时比较均值、回归系数和方差，使多个组间交叉。

（4）具有拟合非标准模型的能力，如可以灵活地处理追踪数据，具有自相关误差结构的数据库，亦即可以进行时间序列分析，并且带有非正态分布变量和缺失数据的数据库。

基于以上因素，本书采用结构方程模型来研究不同购买参照点对在线消费者购买决策的影响。

第一节　验证性因子分析

因子分析是从一组变量群中提取共同因子的多元统计方法。因子分析将相关性比较密切的变量归在一类，让其成为一个因子，其主要目的是用较少的因子反映多数指标间的联系，用比较少的因子反映原始资料的多数信息。因子分析的基本目的就是用少数几个因子去描述许多指标或因素之间的联系，也就是将相关比较密切的几个变量归在同一类中，每一类变量就成为一个因子，以较少的几个因子反映原资料的大部分信息。验证性因子分析主要探索问卷量表的因素结构模型与实际收集到的数据之间的拟合程度，以及是否可以有效地将指标变量作为潜在变量的测量程序。

一般情况下，使用 χ^2/df、GFI、AGFI、NFI、CFI 和 RMSEA 六个指标衡量因素结构模型的拟合情况。卡方指数 χ^2 是指在某种自由度下获取的一个显著性指标，是一种差性适配指标。其值越小表示整体模型的因果路径图与实际资料拟合程度越好；χ^2 对于样本数量相当敏感，样本数量越大，其值越容易显著。当 $\chi^2 = 0$ 时，表示假设模型与观察数据完全拟合。χ^2/df 指标是指卡方自由度比，是为了减少样本数对拟合检验的影响而采用的测量指标，其值一般在 2.0~5.0 时，模型可以接受。验证性因子分析各项指标取值范围以及适配标准如表 6-1 所示，主要用于检查模型的准确性和简洁性。

表 6-1　验证性因子分析各指标取值范围及适配标准

统计检验量	适配的标准或临界值
χ^2/df 卡方值自由度比	小于 2 稳定性更高
GFI 拟合优度指数	大于 0.9 以上
AGFI 调整拟合优度指数	大于 0.9 以上
NFI 标准拟合指数	大于 0.9 以上
CFI 相对拟合指数	大于 0.9 以上
RMSEA 近似均方程残差	小于 0.06（小于 0.05 拟合良好；小于 0.01 拟合更好）

资料来源：吴明隆（2012）。

一、显性参照点验证性因子分析

1. 因子模型的设定

本书的显性参照点验证性因子分析模型如图 6-1 所示。显性参照点对在线消费者购买决策的影响由四个潜在变量构成，分别为期望价格参照点、框架效应参照点、产品品牌属性参照点和产品评论参照点，其中期望价格变量包括四个测量问项，框架效应包括四个测量问项，产品品牌属性参照包括四个测量问项，产品评论包括四个测量问项。

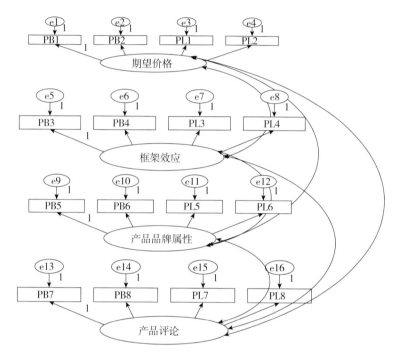

图6-1 显性参照点验证性模型

2. 因子模型分析

一般采用三指标法则和 t 规则进行验证性因子分析，本书按照这两种方法进行详细分析如下：显性参照点购买决策验证性因子分析模型中，一共包括 16 项测量问项，亦即 16 项测量指标，本书按照 16 个因子计算的结果得出 q（q+1）/2 = 51，因此本模型需要估计 40 个测量问项才能够满足模型识别的必要条件，本模型中设定的分别为：16 个显性参照点因子负荷，16 个显性参照点测量指标误差方差，4 个参照点因子间相关系数以及4 个结果变量的残差，共 40 个参数，$t = 40 < 51$ 能够满足模型识别的必要条

件。由于每个测量变量仅仅对应一个潜变量和特殊因子之间相互独立，并且每个潜变量需要三个或者三个以上的测量变量，因此本模型同时满足三指标法则。由上可知，显性参照点验证性因子分析模型能够满足模型识别的充分条件。因此，完全可以识别显性参照点验证性因子分析模型。

3. 模型参数估计

模型参数的估计中，笔者使用 AMOS17.0 软件进行运算，具体的分析运算过程使用了极大似然估计法。极大似然法中假设出现概率的最大结果就是观测结果。因此，需要在已知测量数据中找出能够使实验结果出现最大可能性的参数值。并且，在比较路径系数时，由于存在着依赖于有关变量的尺度单位，因此无法直接使用非标准化系数，需要将其进行标准化。此时，在度量各变量间的相对变化水平，就可以将各个变量的原始分数转换为 Z 分数后进行估计，这时可以直接比较不同变量间的标准化路径系数。笔者在分析属性的输出项中选择标准化估计项，结果如表 6-2 所示：

表 6-2　显性参照点验证性因子分析

潜变量	测量指标	未标准化	标准化	S. E.	C. R.	P
期望价格	PB1	1.000	0.664			
	PB2	0.930	0.658	0.083	11.188	***
	PL1	0.860	0.565	0.086	10.033	***
	PL2	0.808	0.549	0.082	9.805	***
框架效应	PB3	1.000	0.566			
	PB4	1.092	0.624	0.107	10.196	***
	PL3	1.281	0.627	0.125	10.224	***
	PL4	0.794	0.397	0.109	7.301	***
产品品牌属性	PB5	0.705	0.55	0.071	9.928	***
	PB6	0.650	0.503	0.070	9.233	***
	PL5	0.747	0.619	0.069	10.777	***
	PL6	1.000	0.765			

续表

潜变量	测量指标	未标准化	标准化	S. E.	C. R.	P
产品评论	PB7	1. 465	0. 451	0. 246	5. 943	***
	PB8	1. 000	0. 349			
	PL7	2. 767	0. 686	0. 406	6. 813	***
	PL8	2. 721	0. 71	0. 397	6. 862	***

注：*** 表示在1%统计水平上显著，** 表示在5%统计水平上显著。

表 6-3 为显性参照点验证性因子分析模型拟合指标，从表 6-3 中的绝对拟合指标看出，$\chi^2/df = 9.263$，$P<0.01$，第一个指标是卡方统计量与自由度的比值；第二个指标是 P 值，P 值要求小于 0.01。数据表明，本书的测量模型中，协方差矩阵与实证数据中的协方差矩阵之间差异非常显著。RMSEA 为渐进残差均方和平方根，值越小，表示模型的适配度越佳。RMSEA 值一般的判别标准为：RMSEA>0.1 表示模型适配度不理想，RMSEA = 0.08~0.1 时表示模型适配度普通，RMASEA<0.08 时表示有合理的近似误差存在，模型适配度尚可，RMASEA<0.05 时表示模型具有非常好的拟合度。本书中 RMSEA = 0.082，大于 0.08 的标准接受值。总体来说，该模型可以接受。

表 6-3　显性参照点验证性因子分析模型拟合指标

χ^2/df	GFI	AGFI	NFI	CFI	RMSEA
9. 263	0. 777	0. 691	0. 644	0. 667	0. 082

二、隐性参照点验证性因子分析

1. 因子模型设定

基于隐性参照点的在线消费者购买决策由两个潜在变量构成，分别为消费者目标参照和消费者偏好参照，其中目标参照变量由三个测量问项组成，消费者偏好参照由四个测量问项组成。隐性参照点验证性因子分析模型如图 6-2 所示。

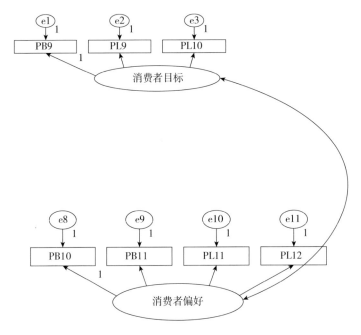

图 6-2　隐性参照点验证性模型

2. 因子模型分析

本书根据三指标法则和 t 规则，对隐性参照点进行验证性因子分析，按照三指标法则和 t 规则进行以下详细分析：隐性参照点购买决策验证性因子分析模型一共包括七项测量问项，亦即七项测量指标，本章按照七个因子计算的结果得出 q（q+1）/2 = 28，因此本模型需要估计 24 个测量问项才能够满足模型识别的必要条件，本模型中设定的分别为：七个隐性参照点因子负荷，七个隐性参照点测量指标的误差方差、两个隐性参照点因子间相关系数以及两个结果变量的残差，共需要 24 个参数，t = 24<28 能够满足模型识别的必要条件。另外，由于每个测量变量仅仅对应一个潜变量和特殊因子之间相互独立，并且每个潜变量有三个或者三个以上的测量变量，因此本模型同时满足三指标法则。由上可知，隐性参照点验证性因子分析模型能够满足模型识别的充分条件。因此，可以识别本节构建的隐性参照点验证性因子分析模型。

3. 模型参数估计

本模型使用 AMOS20.0 软件，采用极大似然估计法对模型进行运算分析，结果如表 6-4 所示：

表 6-4 隐性参照点验证性因子分析

潜变量	未标准化	标准化	S. E.	C. R.	P
目标参照	1.000	0.609			
	1.432	0.79	0.136	10.527	***
	1.066	0.556	0.114	9.372	***
消费者偏好参照	1.000	0.664			
	0.931	0.638	0.089	10.446	***
	0.457	0.285	0.086	5.341	***
	0.240	0.161	0.078	3.081	0.003

注：*** 表示在 1% 统计水平上显著，** 表示在 5% 统计水平上显著。

表 6-5 隐性参照点验证性因子分析模型拟合指标

χ^2/df	GFI	AGFI	NFI	CFI	RMSEA
3.753	0.918	0.955	0.916	0.953	0.053

从表 6-5 中的绝对拟合指标可以看出，$\chi^2/\mathrm{df} = 3.753$，$P < 0.01$，已达到显著水平。说明隐性参照点的测量模型中，协方差矩阵与实证资料中的协方差矩阵之间差异显著。并且 $NFI = 0.916$，$CFI = 0.953$ 均超过 0.9 的标准接受值。RMSEA 值一般的判别标准为：$RMSEA > 0.1$ 表示模型适配度不理想，$RMSEA = 0.08 \sim 0.1$ 时表示模型适配度普通，$RMSEA < 0.08$ 时表示有合理的近似误差存在，模型适配度尚可，$RMSEA < 0.05$ 时表示模型具有非常好的拟合度。本书中 $RMSEA = 0.053$，这说明隐性参照点模型具有很好的拟合度，该模型可以接受。

三、在线消费者感知收益因子分析

本书构建了五个测量问项检验在线消费者感知收益，对在线消费者感知收益方面进行验证性因子分析。图 6-3 为感知收益的验证性因子分析模型。

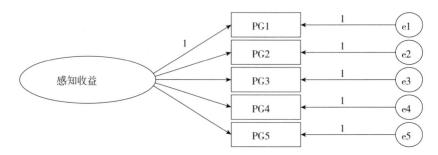

图 6-3　在线消费者感知收益验证性因子分析模型

本书采用了基于固定负荷的方法对模型，使用 AMOS17.0 软件进行分析计算，表 6-6 为感知收益验证性因子的计算分析结果，表 6-7 为感知收益验证性因子分析模型拟合指标结果。从表 6-6 和表 6-7 可以看出，该模型的拟合优度指标较为理想，$\chi^2/df = 2.981$，小于指标值 3，GFI = 0.988 > 0.9，AGFI = 0.964 > 0.9，RMSEA = 0.063 < 0.08，说明感知收益模型建构效度较好，整体因子模型拟合也较好，总体上显示可以接受该模型。

表 6-6　感知收益验证性因子分析

潜变量	Estimate	S. E.	C. R.	P
	1.000			
	0.968	0.106	9.152	***
感知收益	1.100	0.115	9.539	***
	0.945	0.101	9.397	***
	0.608	0.102	5.987	***

表 6-7　感知收益验证性因子分析模型拟合指标

χ^2/df	GFI	AGFI	NFI	CFI	RMSEA
2.981	0.988	0.964	0.962	0.974	0.063

四、感知损失因子分析

在线消费者感知损失由四个测量问项组成，对在线消费者感知损失进行验证性因子分析。验证性因子分析模型如图 6-4 所示。

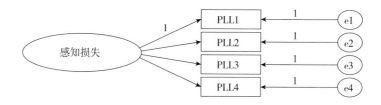

图 6-4　感知损失验证性因子分析模型

本节使用 AMOS17.0 软件，采用基于固定负荷的方法对模型进行分析，感知损失验证性因子分析结果如表 6-8 所示，表 6-9 为感知损失验证性因子分析模型拟合指标。从表 6-8 和表 6-9 中的各项指标来看，$\chi^2/df = 3.592$，以上数据表明，本部分测量模型和实证数据中的协方差矩阵之间差异显著。同时 GFI = 0.952>0.9，AGFI = 0.916>0.9，表明模型具有较好的建构效度，整体因子模型拟合也较好，可以接受该模型。

表 6-8　感知损失验证性因子分析

潜变量	未标准化	标准化	S. E.	C. R.	P
感知损失	1.000	0.625			
	1.321	0.583	0.274	4.818	***
	1.169	0.632	0.244	4.796	***
	1.076	0.611	0.230	4.678	***

注：*** 表示在 1%统计水平上显著。

表 6-9　感知损失验证性因子分析模型拟合指标

χ^2/df	GFI	AGFI	NFI	CFI	RMSEA
3.592	0.952	0.916	0.964	0.972	0.068

五、购买态度因子分析

在线消费者购买态度由三个测量问项组成，对在线消费者购买态度进行验证性因子分析。验证性因子分析模型如图6-5所示。

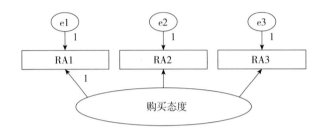

图6-5 购买态度验证性因子分析模型

本节采用基于固定负荷的方法对模型进行分析，使用AMOS17.0软件，购买态度验证性因子分析的计算结果如表6-10所示，表6-11为购买态度验证性因子分析模型拟合指标。从表6-10和表6-11中的各项指标来看，$\chi^2/df = 2.365$，说明本节的测量模型和实证数据中的协方差矩阵之间具有显著的差异。同时 GFI = 0.994 > 0.9，AGFI = 0.931 > 0.9，表明模型具有较好的建构效度，并且整体因子模型拟合较好，表明可以接受该模型。

表6-10 购买态度验证性因子分析

潜变量	未标准化	标准化	S. E.	C. R.	P
	0.817	0.703	0.069	11.790	***
购买态度	1.000	0.870			
	0.749	0.609	0.067	11.109	***

注：*** 表示在1%统计水平上显著。

表6-11 购买态度验证性因子分析模型拟合指标

χ^2/df	GFI	AGFI	NFI	CFI	RMSEA
2.365	0.994	0.931	0.976	0.985	0.048

六、购买意愿因子分析

在线消费者购买意愿由三个测量指标构成，购买意愿的验证性因子分析模型如图 6-6 所示。

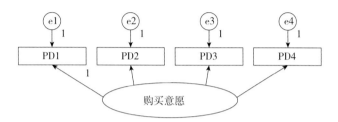

图 6-6　购买意愿验证性因子分析模型

购买意愿验证性因子分析计算采用基于固定负荷的方法对模型进行分析，使用 AMOS17.0 软件，运算结果如表 6-12 所示，表 6-13 为购买意愿验证性因子分析模型拟合指标。从表 6-12 和表 6-13 中的各项指标来看，$\chi^2/df = 2.756$，说明本节的测量模型和实证数据中的协方差矩阵之间差异显著。同时 GFI = 0.983>0.9，AGFI = 0.957>0.9，表明模型具有较好的建构效度，且整体因子模型拟合较好，因此可以接受该模型。

表 6-12　购买意愿验证性因子分析

潜变量	未标准化	标准化	S. E.	C. R.	P
购买意愿	0.889	0.773	0.062	14.369	***
	1.000	0.857			
	0.642	0.583	0.054	11.789	***
	0.571	0.464	0.061	9.395	***

注：*** 表示在1%统计水平上显著。

表 6-13　购买意愿验证性因子分析模型拟合指标

χ^2/df	GFI	AGFI	NFI	CFI	RMSEA
2.756	0.983	0.957	0.991	0.996	0.049

第二节 基于参照点的感知收益对购买决策影响的结构方程分析

一、模型估计

整体的模型估计主要通过路径分析来完成。路径分析是指对几个变量构成的因果模型进行分析，主要考察这种因果关系的强度与可靠性。图 6-7 是基于不同购买参照点的消费者感知收益验证模型的路径分析图。将相关调研数据导入图 6-7 的模型，并对其进行分析得到图 6-8，即修正前变量之间的标准化路径图。表 6-14 为因变量间路径系数。

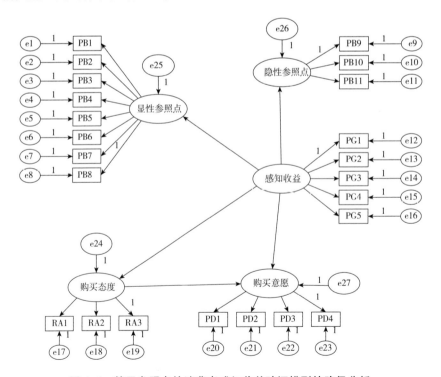

图 6-7 基于参照点的消费者感知收益验证模型的路径分析

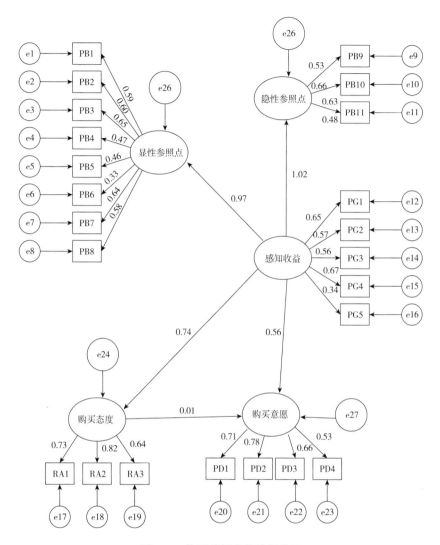

图 6-8 修正前标准化路径结果

表 6-14 变量的标准化路径系数

路径关系			未标准化	标准化	S. E.	C. R.	P
购买态度	<---	感知收益	0.754	0.739	0.072	10.460	***
显性参照点	<---	感知收益	0.754	0.965	0.066	11.405	***
隐形参照点	<---	感知收益	0.827	1.019	0.077	10.746	***
购买意愿	<---	感知收益	0.498	0.555	0.088	5.631	***
购买意愿	<---	购买态度	0.005	0.005	0.076	0.062	0.950

路径关系			未标准化	标准化	S. E.	C. R.	P
PB8	<---	显性参照点	1.000	0.584			
PB7	<---	显性参照点	1.248	0.644	0.109	11.458	***
PB6	<---	显性参照点	0.733	0.330	0.111	6.623	***
PB5	<---	显性参照点	1.017	0.461	0.115	8.852	***
PB4	<---	显性参照点	0.926	0.470	0.103	9.002	***
PB3	<---	显性参照点	1.295	0.651	0.112	11.542	***
PB2	<---	显性参照点	1.216	0.599	0.112	10.870	***
PB1	<---	显性参照点	1.268	0.586	0.119	10.695	***
PB9	<---	隐形参照点	1.000	0.527			
PB10	<---	隐形参照点	1.182	0.658	0.109	10.825	***
PB11	<---	隐形参照点	1.263	0.626	0.120	10.511	***
PG1	<---	感知收益	1.000	0.655			
PG2	<---	感知收益	0.907	0.572	0.079	11.474	***
PG3	<---	感知收益	0.935	0.562	0.083	11.311	***
PG4	<---	感知收益	0.995	0.675	0.075	13.246	***
PG5	<---	感知收益	0.590	0.341	0.083	7.107	***
RA3	<---	购买态度	1.000	0.639			
RA2	<---	购买态度	1.204	0.824	0.089	13.518	***
RA1	<---	购买态度	1.074	0.726	0.084	12.769	***
PD4	<---	购买意愿	1.000	0.527			
PD3	<---	购买意愿	1.147	0.662	0.116	9.868	***
PD2	<---	购买意愿	1.412	0.775	0.134	10.514	***
PD1	<---	购买意愿	1.261	0.709	0.124	10.194	***

从表 6-14 中可以看出，购买态度与购买意愿之间 P 值大于 0.05，并且路径系数为 0.005，这说明其对消费者的购买意愿的影响不显著，拒绝原假设。其他因素之间的 P 值均小于 0.05，这说明它们之间具有相关性，通过假设检验。

二、模型验证及修正

根据路径分析能够看出变量之间具体的路径关系。使用 AMOS17.0 软件进行购买参照点对在线消费者感知收益方面的模型进行整体拟合检验，整体拟合统计量指标的计算结果如表 6-15 所示。

表 6-15　基于参照点的感知收益拟合指数

χ^2/df	GFI	AGFI	NFI	CFI	RMSEA
2.487	0.942	0.918	0.917	0.48	0.054

从表 6-15 可以看出，各项指标均在合理的范围之内，经过系统地分析与比较得出，该模型整体的拟合程度较好。模型修正后得到的标准化路径结果如图 6-9 所示，标准化路径系数如表 6-16 所示。

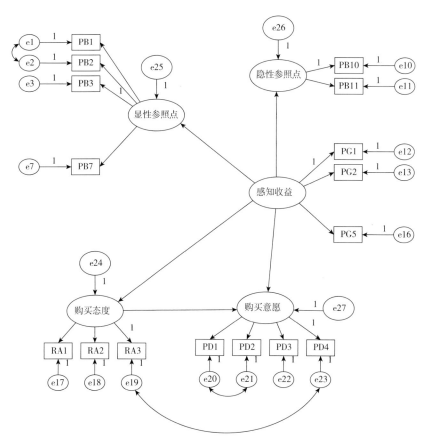

图 6-9　修正后标准化路径结果

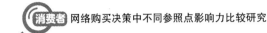

表6-16　模型修正后变量标准化路径系数

路径关系			未标准化	标准化	S. E.	C. R.	P
购买态度	<---	感知收益	0.766	0.789	0.072	10.634	***
显性参照点	<---	感知收益	1.033	1.030	0.082	12.635	***
隐形参照点	<---	感知收益	0.814	0.927	0.074	11.062	***
购买意愿	<---	感知收益	0.574	0.670	0.105	5.492	***
购买意愿	<---	购买态度	0.011	0.013	0.094	0.120	0.904
PB7	<---	显性参照点	0.958	0.644	0.076	12.539	***
PB3	<---	显性参照点	1.000	0.655			
PB2	<---	显性参照点	0.841	0.539	0.078	10.728	***
PB1	<---	显性参照点	0.907	0.546	0.084	10.849	***
PB10	<---	隐形参照点	1.000	0.610			
PB11	<---	隐形参照点	1.233	0.670	0.110	11.173	***
PG1	<---	感知收益	1.000	0.663			
PG2	<---	感知收益	0.895	0.572	0.080	11.240	***
PG5	<---	感知收益	0.465	0.273	0.083	5.608	***
RA3	<---	购买态度	1.000	0.627			
RA2	<---	购买态度	1.241	0.818	0.092	13.502	***
RA1	<---	购买态度	1.101	0.717	0.087	12.675	***
PD4	<---	购买意愿	1.000	0.520			
PD3	<---	购买意愿	1.414	0.790	0.146	9.697	***
PD2	<---	购买意愿	1.096	0.583	0.123	8.911	***
PD1	<---	购买意愿	0.905	0.492	0.114	7.957	***

三、模型检验结果分析

　　根据上述模型修正及检验结果可以看出，假设1a、假设2a、假设3a、假设6a、假设7、假设8通过了假设检验，假设4a、假设5a、假设11没有通过假设检验（见表6-17）。

表 6-17　基于参照点的消费者感知收益假设检验结果

序号	研究假设	结果
假设 1a	消费者对商品的期望价格与感知收益之间具有正相关关系	接受
假设 2a	正面表达的商品标签与消费者感知收益之间具有正相关关系	接受
假设 3a	品牌知名度高的网络商品与消费者感知收益之间具有正相关关系	接受
假设 4a	正面评价高的网络商品与消费者感知收益之间具有正相关关系	拒绝
假设 5a	消费者对商品的期望目标与感知收益之间具有正相关关系	拒绝
假设 6a	消费者对商品的网络购买偏好与感知收益之间具有正相关关系	接受
假设 7	消费者通过网络购物感知收益对网络购买态度有正向的显著影响	接受
假设 8	消费者通过网络购物感知收益对网络购买意愿有正向的显著影响	接受
假设 11	消费者的购买态度正向影响消费者的购买意愿	拒绝

第三节　基于参照点的感知损失对购买决策影响的结构方程分析

一、模型估计

整体的模型估计主要通过路径分析来完成。路径分析是指对几个变量构成的因果模型进行分析，主要考察这种因果关系的强度与可靠性。图 6-10 是基于不同购买参照点的消费者感知损失验证模型的路径分析。将相关的调研数据导入模型中，计算分析后，得到修正前购买参照点对感知损失变量之间的标准化路径如图 6-11 所示，以及购买参照点对感知损失变量间路径系数如表 6-18 所示。

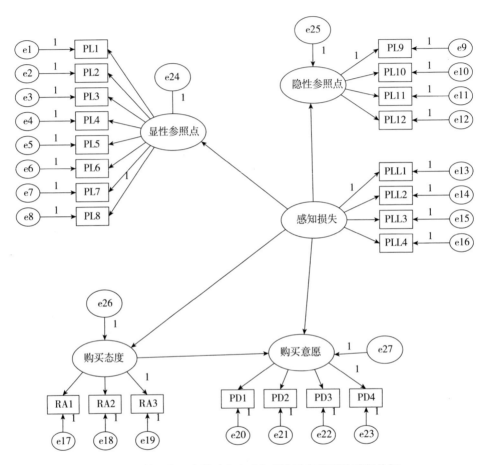

图 6-10　基于参照点的消费者感知损失验证模型的路径分析

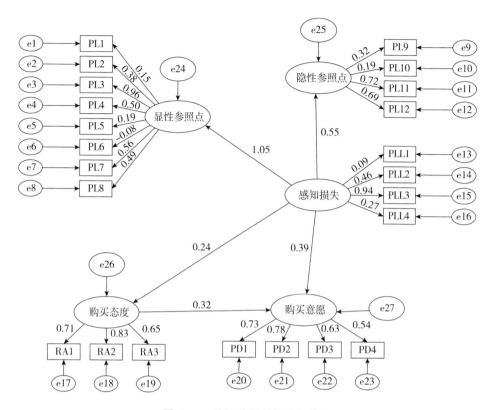

图 6-11 修正前标准化路径结果

表 6-18 变量的标准化路径系数

路径关系			Estimate	S. E.	C. R.	P
购买态度	<---	感知损失	1. 701	0. 915	1. 859	0. 063
购买意愿	<---	感知损失	3. 030	1. 538	1. 971	0. 049
购买意愿	<---	购买态度	0. 349	0. 060	5. 822	***
隐性参照点	<---	感知损失	1. 172	0. 778	1. 507	0. 132
显性参照点	<---	感知损失	1. 582	0. 936	1. 690	0. 091
RA1	<---	购买态度	1. 000			
RA2	<---	购买态度	1. 145	0. 088	12. 987	***
RA3	<---	购买态度	0. 966	0. 078	12. 323	***
PD1	<---	购买意愿	1. 000			
PD2	<---	购买意愿	1. 093	0. 078	13. 946	***

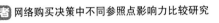

续表

路径关系			Estimate	S. E.	C. R.	P
PD3	<---	购买意愿	0.847	0.069	12.196	***
PLL1	<---	感知损失	1.000			
PLL2	<---	感知损失	5.111	2.548	2.006	0.045
PLL3	<---	感知损失	11.730	5.755	2.038	0.042
PLL4	<---	感知损失	3.010	1.549	1.943	0.052
PD4	<---	购买意愿	0.792	0.075	10.559	***
PL1	<---	显性参照点	1.000			
PL3	<---	显性参照点	7.684	2.545	3.019	0.003
PL6	<---	显性参照点	−0.848	0.443	−1.916	0.055
PL7	<---	显性参照点	4.593	1.551	2.962	0.003
PL8	<---	显性参照点	3.789	1.291	2.935	0.003
PL9	<---	隐性参照点	1.000			
PL10	<---	隐性参照点	−0.999	0.651	−1.534	0.125
PL11	<---	隐性参照点	4.185	1.916	2.184	0.029
PL12	<---	隐性参照点	3.982	1.826	2.180	0.029
PL13	<---	隐性参照点	−0.003	0.465	−0.007	0.994
PL2	<---	显性参照点	2.548	0.896	2.844	0.004
PL4	<---	显性参照点	3.717	1.267	2.934	0.003
PL5	<---	显性参照点	1.124	0.487	2.309	0.021
PL14	<---	隐性参照点	0.925	0.598	1.548	0.122

二、模型验证及修正

从路径分析结果可以看出不同购买参照点对在线消费者感知损失变量之间具体的路径关系。本节使用 AMOS17.0 进行计算，对购买参照点对消费者感知损失模型进行整体拟合检验，可以得到基于购买参照点的感知损失的拟合统计量指标，如表 6-19 所示。

表 6-19　基于购买参照点的感知损失拟合指数

χ^2/df	GFI	AGFI	NFI	CFI	RMSEA
3.545	0.888	0.822	0.943	0.890	0.053

从表 6-19 可以看出，各项指标均在合理的范围之内，综合分析显示，该模型具有很好的整体拟合度。得到修正后模型的标准化路径结果如图 6-9 所示，标准化路径系数如表 6-20 所示。

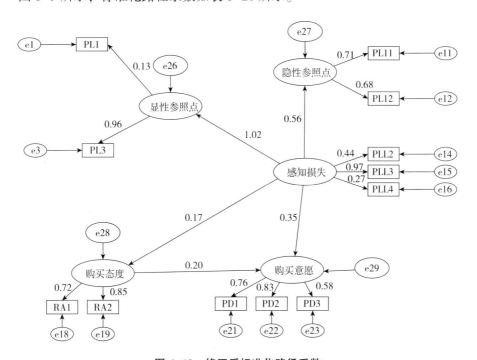

图 6-12　修正后标准化路径系数

表 6-20　修正模型参数估计结果

路径关系			Estimate	S.E.	C.R.	P	标准化
购买态度	<---	感知损失	0.295	0.094	3.149	0.002	0.168
显性参照点	<---	感知损失	2.445	0.229	10.679	***	1.024
隐形参照点	<---	感知损失	0.954	0.132	7.220	***	0.563
购买意愿	<---	感知损失	0.432	0.077	5.589	***	0.347

续表

路径关系			Estimate	S. E.	C. R.	P	标准化
购买意愿	<---	购买态度	0.145	0.044	3.293	***	0.205
PL3	<---	显性参照点	1.000				0.962
PL1	<---	显性参照点	0.130	0.044	2.973	0.003	0.132
PL11	<---	隐形参照点	1.000				0.711
PL12	<---	隐形参照点	0.948	0.110	8.625	***	0.685
PLL2	<---	感知损失	1.000				0.436
PLL3	<---	感知损失	2.363	0.221	10.693	***	0.971
PLL4	<---	感知损失	0.584	0.109	5.359	***	0.267
RA2	<---	购买态度	1.000				0.851
RA1	<---	购买态度	0.854	0.172	4.956	***	0.718
PD3	<---	购买意愿	1.000				0.579
PD2	<---	购买意愿	1.504	0.131	11.491	***	0.828
PD1	<---	购买意愿	1.356	0.117	11.559	***	0.764

三、模型检验结果分析

根据上述模型修正及检验结果可以看出，假设 1b、假设 3b、假设 10、假设 11 通过了假设检验，假设 2b、假设 4b、假设 5b、假设 6b、假设 9 没有通过假设检验（见表 6-21）。

表 6-21　基于参照点的消费者感知损失假设检验结果

序号	研究假设	结果
假设 1b	消费者对商品的期望价格与感知损失之间具有负相关关系	接受
假设 2b	正面表达的商品标签与消费者感知损失之间具有负相关关系	拒绝
假设 3b	品牌知名度高的网络商品与消费者感知损之间失具有负相关关系	接受
假设 4b	正面评价高的网络商品与消费者感知损失之间具有负相关关系	拒绝
假设 5b	消费者对商品的期望目标与感知损失之间具有负相关关系	拒绝

序号	研究假设	结果
假设 6b	消费者对商品的网络购买偏好与感知损失之间具有负相关关系	拒绝
假设 9	消费者通过网络购物感知损失对网络购买态度有负向的显著影响	拒绝
假设 10	消费者通过网络购物感知损失对网络购买意愿有负向的显著影响	接受
假设 11	消费者的购买态度正向影响消费者的购买意愿	接受

本章小结

本章分别从在线消费者价格参照点、框架效应参照点、产品品牌属性参照点、产品评论参照点、消费者目标参照点和消费者偏好参照点六个方面，对消费者感知收益和感知损失进行实证分析，研究发现单方面考虑这些参照点对消费者的购买决策有显著的影响。但是在消费者感知收益方面，产品价格、产品品牌属性、产品评论和消费者个体偏好对消费者购买决策有显著影响，在消费者感知损失方面，产品价格、产品品牌属性和消费者购买目标对消费者购买决策有显著影响。

第七章

结论与建议

在线消费者购买决策的研究一直是市场营销和消费者行为领域的前沿和热点问题之一。在线消费者购买决策时一般会形成参照依赖，即消费者对得失的判断往往根据参照点决定，参照点不同，消费者的购买决策行为也不同。因此，购买决策参照点被认为是准确理解在线消费者选择和判断相关购买决策行为的重要因素。然而有关参照点的研究往往是在网络商家提供的外部信息条件下考察的。在存在竞争和市场信息不确定的条件下，考察在线消费者购买决策参照点对购买意愿的影响将在很大程度上丰富现有的消费者决策理论，为更加有效地提高消费者满意度、制定能达到高保留率的网络市场营销战略提供切实可行的指导。

一、研究结论

本书在参考大量相关文献研究成果的基础上，基于前景理论研究了不同参照点对在线消费者购买决策的影响。根据前景理论，消费者对收益与损失的感知是一个相对的概念，是相对于参照点而言的。相对于参照点的偏离程度的结果不同，消费者的敏感程度也不同。本书首先通过在线消费者访谈和实证研究的方法验证了在线消费者参照点的形成机制，然后构建了基于不同参照点的在线消费者购买决策概念模型，利用 AMOS17.0 软件构建在线消费者感知收益和感知损失的结构方程模型，对消费者购买决策针对不同参照点的影响进行实证分析，主要目的是为了补充与完善消费者行为领域的相关理论。最后，本书将根据实证分析的结果，为网络商家营销实践提供相应的建议和指导。

1. 在线消费者购买决策参照点的形成机制

本书在研究我国消费者网络购买决策参照点的形成机制中，针对产品价格、产品属性、产品评论、产品促销、时间、消费者目标和消费者偏好进行了研究，研究结果发现，在我国网络环境下，消费者针对产品促销和购买时间并不敏感，参照依赖特性不明显，因此将这两项剔除，即我国在线消费者参照点的形成影响因素主要包括产品价格、产品框架效应、产品品牌属性、产品评论、消费者目标和消费者偏好六个方面。

2. 不同参照点对在线消费者感知收益的影响

本书研究发现，网络市场中产品的价格、框架效应、产品品牌属性、产品评论和消费者偏好参照点对于在线消费者的感知收益有显著的正向影响，这证实了消费者对于网络市场环境下不同的产品价格、产品品牌、产品评论和消费者偏好参照点会对消费者感知收益产生不同的影响。与此同时，这些购买参照点还受到消费者对网络市场环境感知收益的影响。

3. 不同参照点对在线消费者感知损失的影响

本书研究发现，产品的价格、框架效应、产品品牌属性和消费者偏好参照点对于在线消费者感知损失有着负向显著影响。例如，当消费者在购买观测到的实际价格与参照价格不一致时，将会影响其购买意愿，实际价格大于参照价格时，对消费者形成损失，消费者感知损失后会出现负向的购买意愿及购买决策行为。

4. 基于不同参照点的在线消费者感知收益和感知损失对购买决策的影响

本书研究发现，在我国网络市场环境下，在线消费更加依赖产品价格参照点、产品品牌属性参照点和消费者偏好参照点，在这些不同的购买决策参照点的影响下，通过对在线消费者感知收益和感知损失方面的比较，进一步影响了消费者的购买态度和购买意愿。

二、网络营销建议

本书主要探讨了在线消费者不同参照点的形成机制以及对在线消费者购买决策的影响因素，如何借助在线消费者关注的不同购买决策参照点，进而促进消费者做出购买决策，是本书研究的重点。从本书的研究结果可以看出，网络已购消费者对产品的评价、产品的价格以及在线消费者的目标和个体偏好参照点对消费者的购买决策具有显著影响。本书主要针对以上几点，对网络商家提出以下建议：

（1）充分利用和提高在线消费者的评论。在线消费者查看商品评价的目的之一是通过第三方来间接了解卖家所承诺的各种信息，网络商家首先应该关注产品的评价质量，而不是数量的多少。其次，应该重点从消费者对产品的客观内容上诱导消费者的评价内容。例如在评价内容的填写过程中引导已购消费者填写关于商品特性的客观描述内容，同时询问消费者对本商品是否满意。

（2）本书研究发现，价格参照点中，消费者记忆中的价格对网络产品参考价格的形成影响较大，网络商家应该以消费者的感受作为定价的出发点，充分利用消费者"先入为主"的效应，努力营造价格低廉的第一印象。例如我国唯品会网站，就是以价格较高的名牌产品低价出售的第一印象，吸引大量的消费者前来光顾，并通过这些消费者的口碑相传，使其知名度迅速上升。另外，为了使网络商家获取更大的企业剩余，网络零售商可以通过本书构造的消费者感知收益或损失来影响他们的行为反应和购买决策。网络商家的定价必须以最大限度地提高目标消费群的感知价值为导向，才能增加盈利水平，取得满意的营销效果。

（3）充分利用在线消费者的隐性参照点——消费者的目标和个体偏好参照点。首先，应该根据目标消费群体的不同心理特征制定不同的营销策略。其次，应该适时开展形式多样的促销活动，本书研究发现，多数消费者并不会因为网络市场的"聚划算""Z秒杀"等促销活动而被吸引，这主要是因为我国的消费者总认为"便宜没好货"，或者认为商家存在一定的消费陷阱，因此，网络商家在推出特价商品时应对低价的原因进行适当的阐述，例如厂家让利、换季酬宾等，要让消费者相信"促销商品的质量也是好的"。根据参照点效应，如果从对消费者有重要心理影响的群体或群体成员角度提出建议，那么会减少该消费者对建议的心理抗拒，并提高其对产品的接受程度。

三、本书的创新点

本书可能的创新点主要体现在以下几个方面：

（1）通过引入前景理论中的参照点概念，以在线消费者购买决策参照点为研究对象，通过访谈及实证研究相结合的方法，理清了我国在线消费者购买决策不同参照点的形成机理，构建了在购买参照点影响下，消费者感知收益和感知损失的购买决策模型，并提出相应的假设，然后使用结构方程模型对构建的模型和假设进行实证检验，本书对于网络市场营销领域内，在线消费者购买参照点方面的理论研究进行了有效的补充，同时从实证方面进行了较为全面的验证。

（2）本书引入在线消费者购买决策过程中以不同的购买参照点感知收益和感知损失作为中介变量，提出相关假设，运用结构方程模型对提出的假设进行检验，分别研究了在不同购买参照点的影响下，消费者感知收益和感知损失对购买决策的影响，为提高我国网络市场营销提供一个新思路。

（3）本书将消费者参照点、消费者感知收益、感知损失和消费者购买决策纳入一个统一的分析框架，在对这些问题理论研究的前提下，深究其之间的相互关系，针对网络市场营销的各个不同方面进行了研究，拓展了网络营销思路，并丰富了电子商务市场领域的研究内容。

四、本书的研究局限性与未来研究方向

1. 本书研究的局限性

本书在理论推导和模型的构建中，力争在最大程度上做到严谨，并借鉴了前人大量的相关研究成果，但"消费者购买决策参照点"在网络市场中的应用毕竟是一个较新的概念，同时，对消费者参照点的研究，大多学者仅停留在定性方面的探讨，定量方面的研究较少，可借鉴和参考的直接研究成果的缺乏，给本书研究带来了相当的难度，尽管笔者做了较大的努力，但因各类局限而致本书尚存在以下不足之处：

（1）参照点形成机制的影响因素中，本书没有深入地考虑消费者的异质性，即消费者个体情况的不同，后续的研究中可进一步收集消费者的个体详细信息，将在线消费者分为损失规避型和损失追逐型两种不同的类

型，探究不同类型的消费群体对产品的心理预期的上下限。

（2）本书主要采用的方法是访谈法和问卷调研方式。问卷调研是一种结构化的调查，不会局限于时间空间的限制，而有效提升调查对象范围与参与度，调查结论具有高度可靠性，但是这种调研方法并没有突破获取社会信息的狭隘性，无法从更深入的角度交接社会复杂的具体状况，导致数据具有表面性无法深入等缺点。因此，本书对于参照点假设的实证检验方面尚存在较大的提升空间。

2. 未来的研究方向

本书提出未来有关在线消费者参照点研究的一些可能建议和想法：

（1）以预期理论为代表的决策理论认为，消费者自身的损益状态对购买决策有重要作用，因此，可以将在线消费者购买决策时感知收益和感知损失进行进一步对比，计算出两者是否存在前景理论中的损失规避效应，研究在线消费者是否存在对损失和收益的敏感程度不对称，以及在线消费者面对损失的痛苦感是否大大超过面对收益的快乐感。

（2）我国目前存在不同类型的网络购物网站，包括综合性的 C2C 购物网站、专业化较强的 B2C 网络购物平台以及各类网络商城。不同类型的电子商务网站有着不同的优势和劣势，从在线消费者的角度来看，不同的网站环境特征是否对参照点的形成存在显著差异，对消费者感知收益和损失及其购买决策是否会产生不同的认知反应，可以从不同类型的网站入手，进行进一步深入研究。

[1] Ajzen I. The Theory of Planned Behavior [J]. Organizational Behavior and Human Decision Processess, 1991 (50): 179-211.

[2] Alba, Joseph. Interactive Home Shopping: Consumer, Retailer, and Manufacturer Incentives to Participate in Electronic Marketplaces [J]. Journal of Marketing, 1997, 61 (3): 38-53.

[3] Alford, Bruce L., Engelland, Brian T. Advertised Reference Price Effects on Consumer Price Estimates, Value Perception, and Search Intention [J]. Journal of Business Research, 2000, 48: 93-100.

[4] Amit R., Zott C. Value Creation in E-business [J]. Strategic Management Journal, 2001 (22): 493-520.

[5] Andrew M. Hardin, Clayton Arlen Looney. Myopic Loss Avesion: Demystifying the Key Factors Influencing Decision Problem Framing [J]. Organizational Behavior and Human Decision Prosses, 2012 (117): 311-331.

[6] Arkes, Hal, Hirshleifer, David Jiang, Danling et al. Reference point Adaptation: Tests in the Domain of Security Trading [J]. Organizational Behavior & Human Decision Processes, 2008, 105 (1): 67-81.

[7] A. Tversky, D. Kahneman. The Framing of Decisions and the Psychology of Choice [J]. Science, New Series, 1981, 211 (448): 453-458.

[8] Boles T L, Messick D. M. A Reverse Outcome Bias: The Influence of Multiple Reference Points on the Evaluation of Outcomes and Decisions [J]. Organizational Behavior and Human Decision Processes, 1995 (6): 262-275.

[9] Botond Koszegi, Matthew Rabin. A Model of Reference-Dependent Pref-

erences [J]. The Quarterly Journal of Economics, 2006, 121 (4): 1133-1165.

[10] Chandrashekaran, M., Rotte, K., Tax, S. S. and Grewal, R. S Atisfaction Strength and Customer Loyalty [J]. Journal of Marketing Research, 2007, 12 (3): 215-233.

[11] C. K. Anderson, J. G. Wilson. Wait or Buy? The Strategic Consumer: Pricing and Profit Implications [J]. Journal of the Operational Research Society, 2003, 54 (3): 299-306.

[12] David Blake, Douglas Wright, Yumeng Zhang. Target-driven investing: Optimal Investment Strategies in Defined Contribution Pension Plans under Loss aversion [J]. Journal of Economic Dynamics & Control, 2013 (37): 195-209.

[13] De Borger, Bruno, Fosgerau, Mogens. The Trade-off between Money and Travel Time: A test of The Theory of Reference-dependent Preferences [J]. Journal of Urban Economics, 2008, 64 (1): 101-115.

[14] De Giorgi, Enrico. Reward-risk Portfolio Selection and Stochastic Dominance [J]. Journal of Banking & Finance, 2005, 29 (4): 895-926.

[15] Degeratu A. M., Rangaswami A., Wu J. Consumer Choice Behavior in Online and Traditiona Supermarkets: The Effects of Brand Name, Price, and other Search Attributes [J]. International Journal of Research in Marketing, 2000, 1 (17): 55-78.

[16] Dholakia, U. M. & Simonson, I. The Effect of Explicit Reference Points on Consumer Choice and Onine Bidding Behavior [J]. Marketing Science, 2005, 24 (2): 206-217.

[17] Elada Yechiam, Guy Hochman. Loss-aversion or Loss-attention: The Impact of Losses on Cognitive Performance [J]. Cognitive Psychology, 2013 (66): 212-231.

[18] Elizabeth N. Brooks. Effects of Variable Reproductive Potential on Reference Points for Fisheries Management [J]. Fisheries Research, 2013 (138): 152-158.

［19］ Enrico G. , De Giorgi, Thierry Post. Loss Aversion with a State－Dependent Reference Point ［J］. Management Science, 2011, 6 (57): 1094－1110.

［20］ Etzion H. , Pinker E. , Seidmann A. Analyzing the Simultaneous Use of Auctions and Posted Prices for Online Selling ［J］. Manufacturing and Service Operations Management, 2006 (4): 18－32.

［21］ Fishhein I. Ajzen. Taking and Information Handling in Consumer Behavior ［D］. Boston: Graduate School of Business Administration, Harward University, 1975.

［22］ Gallien J. Dynamic Mechanism Design for Online Commerce ［J］. Operations Research, 2002, 54 (2): 291－310.

［23］ Gerald Eisenkopf, Sabrina Teyssier. Envy and Loss Aversion in Tourmanets ［J］. Journal of Psychology, 2013 (34): 240－255.

［24］ Greenleaf E A. The Impact of Reference Price Effects on the Profitability of Price Promotions ［J］. Marketing Science, 1995, 14 (1): 82－104.

［25］ Gregory J. Koop, Joseph G. Johnson. The Use of Multiple Reference Points in Risky Decision Making ［J］. Journal of Behavioral Decision Making, 2012, 25 (1): 49－62.

［26］ Hamilton R. , Hong J. , Chernev A. Perceptual Focus Effect in Choice ［J］. Jouranl fo Consumer Research, 2007, 34 (2): 187－199.

［27］ Hans Peters. A Preference Foundation for Constant Loss Aversion ［J］. Journal of Mathematical Economics, 2012 (48): 21－25.

［28］ Helson H. Adaptation－level Theory ［M］. New York: Harper & Row, 1964.

［29］ Hjorth Andersen. The Concept of Quality and the Efficiency of Markets for Consumer Products ［J］. Journal of Consumer Research, 1984 (11): 708－718.

［30］ Jaihak Chung, Vithala R. Rao. A General Consumer Preference Model for Experience Products, Application to Internet Recommendation Services

[J]. Journal of Marketing Research, 2012 (6): 289-305.

[31] Jie Ren, Dongmei Zhao, Xiaohua Zhang. Online Buying Decision Preference and Prospect Theory [J]. Advanced Materials Research, 2014 (7): 3850-3853.

[32] Jose Freitas Santos, Jose Cadima Ribeiro. The Portuguese Online Wine Buying Consumer [J]. EuroMed Journal of Business, 2012, 3 (7): 294-311.

[33] Juan L. Nicolau. Differentiated Price Loss Aversion in Destination Choice: The Effect of Tourists Cultural Interse [J]. Tourism Management, 2011 (32): 1186-1195.

[34] Juan Zhang, Qinglong Gou, Liang Liang, Zhimin Huang. Supply Chain Coordination through Cooperative Advertising with Reference [J]. Omega, 2013 (41): 345-353.

[35] J. Jacoby, D. E. Speller, C. K. Berning. Brand Choice Behavior as a Function of Information Load: Replication and Extension [J]. Journal of Consumer Research, 1974, 1 (1): 33-42.

[36] J. Liu, Y Cao, C. Y. Lin, Y. Huang, M. Zhou. Low-quality Product Review Detection in Opinion Summarization [J]. Processing and Computational Natural Language Learning, 2007 (6): 334-342.

[37] J. Nasiry, I. Popescu. Dynamic Pricing with Loss-Averse Consumers and Peak-End Anchoring [J]. Operations Research-Baltimore, 2011, 59 (6): 1361.

[38] Kahneman D., Tversky A. Prospect theory: An Analysis of Decision under Risk [J]. Econometrical, 1979 (47): 263-291.

[39] Kartle H., Peitz M. Competition under Consumer Loss Aversion [D]. Mannheim: University of Mannheim, 2012.

[40] Katherine L. Milkman, Mary Carol Mazza, Lisa L. Shu, Chia-jung Tsay, Max H. Bazerman. Policy Bunding to Overcome Loss Aversion: A Mthhod for Improving Legislative Outcomes [J]. Organizational Behavior and Human De-

cision Processes, 2012 (117): 158-167.

[41] Kim D. J., Steinfield C., Lai Y. J. Revisiting the Role of Web Assurance Seals in Business-to-consumer Electronic Commerce [J]. Decision Support Systems, 2008 (44): 1000-1015.

[42] Koop, G. J., Jonson, J. G. The Use of Multiple Reference Points in Risky Decision Making [J]. Journal of Behavioral Decision Marking, 2010, 25 (1): 49-62.

[43] Koszegi, B., M. Rabin. A Model of Reference-dependent Preference [J]. Quart. J. Econom, 2006, 121 (4): 1133-1165.

[44] Kyoung-Nan Kwon, Jinkook Lee. The Effect of Reference Point, Knowledge, and Risk Propensity on the Evaluation of Financial Produces [J]. Journal of Business Research, 2009 (7): 719-725.

[45] Lattin J M, Buckin R E. Reference Effects of Price and Promotion on brand Choice Behavior [J]. Journal of Marketing Research, 1989, 26 (3): 299-310.

[46] Lee M K O, Turban E. A. Trust Model for Consumer Internet Shopping [J]. International Jouranl of Electronic Commerce, 2001, 6 (1): 75-91.

[47] Leszczyc P., Qiu C., He Y. Empirical Testing of the Reference-price Effect of Buy-now Prices in Intetnet Auctions [J]. Journal of Retailing, 2009, 85 (2): 211-221.

[48] Levin I. P., Schnedeer S. L., Gaeth G. J. All Frames are Not Created Equal: A Typology and Critical Analysis of Framing Effects [J]. Oranizational Behavior & Human Decision Processes, 1998, 76 (2): 149-188.

[49] Lin H. F. Predicting Consumer Intentions to Shop Online an Empirical test of Competing Theories [J]. Electronic Commerce Research and Applications, 2007 (6): 433-442.

[50] Manel Baucells, Martine Weber, Frank Welfens. Reference-Point Formation and Updating [J]. Management Science, 2011, 3 (57): 506-519.

［51］ M. Luque，L. A. Lopea Agudo，O. D. Marcenaro Gutierrez. Equivalent Reference Points in Multiobjective Programming ［J］. Expert Systems with Applications，2015（42）：2205-2212.

［52］ Nico Neumann，Ulf Bockenholt. A Mtea-analysis of Loss Aversion in Product Choice ［J］. Journal of Retailing，2014，90（2）：182-197.

［53］ Ningning Zou，Jill E. Hobs. Modelling Reference-Dependent and Labelling Effects in Consumers' Functional Food Choices ［C］. The southern Agricultural Economics Association Annual Meeting，2009.

［54］ Novemsky N.，Dhar R.，Schwarz N.，Simonson I. Preference Fluency in Choice ［J］. Journal of Marketing Research，2007，44（3）：347-356.

［55］ Ofer H. Azar. Competitive Strategy When Consumers Are Affected by Refreence Prices ［J］. Journal of Economic Psychology，2013（39）：327-340.

［56］ Olander，H. T. & Farrel，M. E. Professional Problems of Elementary School Teachers ［J］. Journal of Teacher Education，1970，21：276-280.

［57］ On Amir，Ziv Carmon，Dan Ariely. The Dissociation between Monetary Assessments and Predicted Utility ［J］. Marketing Science，2008（27）：1055-1064.

［58］ Ordonez L. D.，Connolly，Coughlin R. Multiple Reference Points in Satisfaction and Fairness Assessment ［J］. Journal of Behaavioral Decision Making，2000（13）：329-344.

［59］ Ordonez，L.，T. Connolly，R. Coughlan，Multiple Reference Points in Satisfaction and Fairness Assessment ［J］. Journal of Behavioral Decision Making，2000，13（3）：329-344.

［60］ Paul J Peter，Lawrence X T Arpey. A Comparative Analysis of Three Consumer Decision Strategies ［J］. Jouranl of Consumer Research，1975，2（1）：29-37.

［61］ Puter DAS. Incorporating Reference Price Effects into a Theory of Consumer Choice ［J］. Marketing Science，1992，11（3）：287-309.

［62］ P. Y. Chen, S. Y. Wu, J. Yoon. The Impact of Online Recommendations and Consumer Feedback on Sales ［C］. International Conference on Information Systems, 2004: 711-724.

［63］ Randolph E. Bucklin, James M. Lattin. A Two-State Model of Purchase Incidence and Brand Choice ［J］. Marking Science, 1991 (1): 24-39.

［64］ Rashi Glazer. Marketing in an Information-intensive Environment: Strategic Implications of Knowledge as an Asset ［J］. Journal of Marketing, 1991, 55 (4): 37-39.

［65］ Rosch E. Cognitive Representation of Semantic Categorization ［J］. Journal of Experimental Psychology, 1975 (104): 192-233.

［66］ R. Thaler. Toward a Positive Theory of Consumer Choice ［J］. Journal of Economic Behavior & Organization, 1980 (1): 39-60.

［67］ San Mantin S. , Camarero C. A Cross-national Study on Online Consumer Perceptions, Trust, and Loylaty ［J］. Jouranl of Organizational Computing and Electronic Commerce, 2012, 22 (1): 64-86.

［68］ Sangkil Moon, Gary J. Russell, Sri Devi Dueeuri. Profiling the Reference Price Consumer ［J］. Journal of Retailing, 2006, 82 (1): 1-11.

［69］ Scott Rick. Losses, Gains, and Brains: Neuroeconomics Can Help to Answer Open Questions about Loss Aversion ［J］. Journal of Consumer Psychology, 2011 (21): 453-463.

［70］ Sharpe, Kathryn M. Staelin, Richard. Huber, Joel. Using Extremeness Aversion to Fight Obesity: Policy Implications of Context Dependent Demand ［J］. Journal of Consumer Research, 2008, 35 (3): 406-422.

［71］ Shohan A. , Fiegenbaum A. Competitive Determinants of Organizational Risk-taking Attitude: The Role of Strategic Reference Points ［J］. Management Decision, 2002, 40 (2): 127-141.

［72］ Slade M. Optimal Pricing with Costly Adjustment: Evidence from Retail-Grocery Prices ［J］. Review of Economic Studies, 1998 (65): 67-107.

［73］ Szybillo, George J, Jacoby. Intrinsic versus Extrinsic Cues as Determinants of Perceived Product Quality ［J］. Journal of Applied Psychology, 1974 (1): 74-78.

［74］ Tax S. S. , Chandrashekaran M. , Christiansen T. Word-of-mouth in Consumer Decision Making: An Agenda for Research ［J］. Journal of Consumer Sartisfaction, Dissatisfaction, and Complaining Behavior, 1993 (6): 74-80.

［75］ Theodoros K Tarnanidis, Nana Owusu-Frimpong, Ruth Marciniak. Consumer Choice: between Explicit and Implicit Reference Points ［J］. The Marketing Review, 2010, 3 (10): 269-286.

［76］ Thlaer R. Mental Accounting and Consumer Choice ［J］. Marketing Science, 1985, 4 (3): 199-214.

［77］ Todd M. , Dminic M. What is Going to Happen? How Temporal Distance Influences Processing for Risky Choice Framing Tasks? ［J］. Social Cognition, 2007, 25 (4): 495-517.

［78］ Tull D. R. Boring, M. Gonsior. The Relationship of Price and Imputed Quality ［J］. Journal of Business, 1964, 37 (2): 186-191.

［79］ Tversky A. , Kahneman D. Advances in Prospeyct Theory: Cumulative Representation of Uncertainty ［J］. Journal of Risk and Uncertainty, 1992, 5 (4): 297-323.

［80］ Vakrat Y. , Seidmann A. Can Online Auctions Beat Online Catalogs? ［C］. Proceeding of the 20th international conference on Information Systems, 1999: 132-143.

［81］ Wang X. T. , Johnson G. J. A Tri-reference Point Theory of Decision Making under Risk ［J］. Jouranl of Experimental Psychology, 2012 (5): 743-756.

［82］ Wei Liu, Shiji Song, Cheng Wu. Impact of Loss Aversion on the Newsvendor Game with Product Substitution ［J］. International Journal of Production Economics, 2013, 141 (1): 352-359.

［83］ Wells J. D. , Valacich J. S. , Hess T. J. What Signal Are You Sending? How Website Quality Influences Perceptions of Product Quality and Purchase Intentions ［J］. MIS Quartely, 2011, 35 (2): 373-396.

［84］ Winer, Russell S. A Reference Price Model of Brand Choice for Frequently Purchased Products ［J］. Journal of Consumer Research, 1986, 13 (2): 250-256.

［85］ Wolfgang Ulaga, Samir Chacour. Measuring Customer - perceived Value in Business Markets ［J］. Journal of Industrial Marketing Management, 2001, 30 (2): 525-540.

［86］ Wood, Lisa M. Added Value: Marketing Basics? ［J］. Journal of Marketing Management, 1996, 12 (8): 735-755.

［87］ Wu L. Y. , Chen K. Y. , Chen P. Y. et al. Perceived Value, Transaction Cost, and Repurchase Intention in Online Shopping: A Relational Exchange Perspective ［J］. Journal of Business Research, 2014, 67 (1): 2768-2776.

［88］ Xiaoxue Deng, Jinxing Xie, Huachun Xiong. Manufacturer - retailer Contracting with Asymmetric Information on Retailer's Degree of Loss Aversion ［J］. Production Economics, 2013 (142): 372-380.

［89］ Yi Zhao, Sha Yang, Vishal Narayan, Ying Zhao. Modeling Consumer Learning from Online Product Reviews ［J］. Marketing Science, 2013, 32 (1): 153-169.

［90］ Yubo C. , Jinghong X. Online Consumer Review: Word of Mouth As a New Element of Marketing Communication Mix ［J］. Management Science, 2008, 54 (3), 477-491.

［91］ Zeithaml, Valarie A. Consumer Perceptions of Price, Quality, and Value: A Means-End Model and Synthesis of Evidence ［J］. Journal of Marketing, 1988, 52 (3): 2-22.

［92］ Zhang, F. Y. N. Role of Reference Points in Consumer Choice and Produce Design: Bayesian Methsods and Empirical Test, ph. D. Dissertation,

Corncell University，AAT 3140873，2004.

［93］Zhe Qu，Han Zhang，Haizheng Li. Determinants of Online Merchant Rating：Content Analysis of Consumer Comments about Yahoo Merchants ［J］. Decision Support Systems，2008（46）：440-449.

［94］Zhou J. Reference Dependence and Market Competition ［C］. ELSE Working Paper 341，UCL. 2009.

［95］卜祥智，许垒，赵泉午. 考虑货主价格参照效应的海运运力合同定价策略 ［J］. 管理科学学报，2012，2（15）：28-36.

［96］常雪. 基于参考价格的消费者价格评价研究 ［D］. 济南：山东大学博士学位论文，2008.

［97］陈国平. 消费者感知价格与质量的关系及其应用 ［J］. 价格理论与实践，2009（9）：67-68.

［98］陈立彬，江林，张永. 消费者参考价格的心理表征 ［J］. 商业时代，2013（6）：48-50.

［99］陈明亮，蔡日梅. 电子商务中产品推荐代理对消费者购买决策的影响 ［J］. 浙江大学学报，2009，39（5）：29-39.

［100］陈伟，唐含宇，郭国庆. 消费者决策参考点研究述评 ［J］. 现代管理科学，2014（4）：6-8.

［101］陈小君. 引入参照点的旅行时间价值分析 ［D］. 北京：北京交通大学博士学位论文，2014.

［102］池丽旭，庄新田. 我国基金经理心理参考点调整特征的实证研究 ［J］. 系统管理学报，2012（1）：22-28.

［103］董琳. 从消费者购买决策模型看 B2C 电子商务的客户服务 ［J］. 情报杂志，2004（8）：27-28.

［104］董伶俐. 呈现框架与消费者选择：消费者知识与促销的作用 ［J］. 经济经纬，2012（6）：97-100.

［105］董志勇. 行为经济学 ［M］. 北京：北京大学出版社，2005.

［106］樊治平，陈发动，张晓. 基于累积前景理论的混合型多属性决

策方法［J］. 系统工程学报, 2012 (6): 295-301.

[107] 范文博, 李志纯, 蒋葛夫. 基于参考依赖法的出行者日常路径选择行为建模［J］. 交通运输工程学报, 2009, 2 (9): 96-99.

[108] 冯炜. 消费者网络购物信任影响因素的实证研究［D］. 浙江: 浙江大学博士学位论文, 2010.

[109] 冯小翼. 在线评论的产品属性提取与情感分析研究［D］. 武汉: 华中科技大学硕士学位论文, 2011.

[110] 冯颖. 参照点依赖的轨道交通票价弹性研究［D］. 北京: 北京交通大学硕士学位论文, 2012.

[111] 付琛. 网络口碑对消费者决策的影响机制研究［D］. 杭州: 浙江大学硕士学位论文, 2009.

[112] 高诚, 马映红. 网络口碑传播效应研究［J］. 现代商贸工业, 2009, 21 (19): 132-133.

[113] 高华超. 消费者目标对产品偏好的影响: 基于建构水平理论的实验研究［D］. 南京: 南京大学硕士学位论文, 2011.

[114] 龚艳萍, 李峰. 基于消费者个体采用决策的新产品扩散模型综述［J］. 科技管理研究, 2007 (6): 239-242.

[115] 郭国庆, 杨学成, 张杨. 口碑传播对消费者态度的影响: 一个理论模型［J］. 管理评论, 2007, 19 (3): 20-26.

[116] 郭俊辉. 折中效应的整合性机制［J］. 心理科学, 2013, 36 (2): 434-439.

[117] 韩睿, 田志龙. 参考价格与消费者的价格感知［J］. 广东财经职业学院学报, 2005 (6): 76-81.

[118] 郝媛媛. 在线评论对消费者感知与购买行为影响的实证研究［D］. 哈尔滨: 哈尔滨工业大学博士学位论文, 2010.

[119] 何贵兵, 于永菊. 决策过程中参照点效应研究评述［J］. 心理科学进展, 2006, 14 (3): 408-412.

[120] 贺爱忠, 李钰. 商店形象对自由品牌信任及购买意愿影响的实

证研究 [J]. 南开管理评论，2010，13（2）：79-89.

[121] 贺爱忠. 消费者心理学 [M]. 北京：清华大学出版社，2005.

[122] 赫伯特·西蒙. 经济学中的决策理论和行为科学 [J]. 外国经济参考资料，1983（Z1）：5-9.

[123] 侯杰泰，温忠麟，成子娟. 结构方程模型及其应用 [M]. 北京：教育科学出版社，2006.

[124] 侯振兴. OTC 营销经理实战宝典 [M]. 北京：北京海洋出版社，2000.

[125] 胡卫星. 上海市中学生自我效能感和感知收益对体育活动水平影响的调查研究 [D]. 上海：华东师范大学硕士学位论文，2011.

[126] 黄芳铭. 结构方程模式：理论与应用 [M]. 北京：中国税务出版社，2005.

[127] 黄鹤婷，赵冬梅. 在线消费者的心理距离及其测度方法研究——基于解释水平理论的视角 [J]. 经济研究参考，2013（14）：42-48.

[128] 黄鹤婷. 在线消费者心理距离测度及其影响因素研究 [D]. 北京：中国农业大学硕士学位论文，2013.

[129] 黄敏学，朱华伟，肖莉. 国外网络价格研究成果评介 [J]. 外国经济与管理，2003（6）：45-48.

[130] 金立印. 网络口碑传播对消费者购买决策的影响：一个实验研究 [J]. 经济管理，2007，29（22）：36-42.

[131] 金立印. 虚拟品牌社群的价值维度对成员社群意识、忠诚度及行为倾向的影响 [J]. 管理科学，2007，20（2）：36-45.

[132] 金玉芳，董大海，刘瑞明. 消费者品牌信任机制建立及影响因素的实证研究 [J]. 南开管理评论，2006（5）：28-35.

[133] 李海军，徐富明，相鹏，孔诗晓，孟贞贞. 基于预期理论的参照依赖 [J]. 心理科学进展，2013，2（21）：317-325.

[134] 李海军. 决策框架和参照点对公平判断的影响研究 [D]. 武汉：华中师范大学硕士学位论文，2014.

［135］李荣喜，郭镭．基于消费者价格参考效应的产品定价策略［J］．统计与决策，2006（10）：118-119．

［136］李荣喜．基于参考点的消费者选择行为及应用研究［D］．成都：西南交通大学博士学位论文，2007．

［137］李四兰．促销信息中的价格框架对消费者偏好的作用机制研究［D］．武汉：华中科技大学博士学位论文，2012．

［138］梁承磊，李秀荣．框架效应对冲动性购买行为的影响研究［J］．山东财政学院学报，2012，1（117）：72-81．

［139］刘海龙．耐用消费品的参考价格形成分析［D］．成都：西南财经大学硕士学位论文，2010．

［140］刘欢，梁竹苑，李纾．得失程数的变化：损失规避现象的新视点［J］．心理学报，2009，41（12）：1123-1132．

［141］刘欢，梁竹苑，李纾．行为经济学中的损失规避［J］．心理科学进展，2009，17（4）：788-794．

［142］刘明，刘新旺．前景理论下的损失规避研究综述［J］．价值工程，2008（10）：143-146．

［143］马宝龙，李金林，李纯青，王高．回报计划对重复购买行为模式的影响研究［J］．数理统计与管理，2007（5）：457-467．

［144］马会礼，文平．基于参照依赖偏好理论的评价指标［J］．统计与决策，2019（13）：29-32．

［145］倪娜．营销学产品分类研究综述［J］．外国经济与管理，2006（9）：31-37．

［146］庞川，陈忠民，罗瑞文．消费者网络信任影响因素的实证分析［J］．系统工程理论方法应用，2004（8）：295-304．

［147］皮德萍，胡燕娟．基于参考效应的闭环供应链契约协调机制［J］．工业工程，2010（4）：39-44．

［148］蒲素．引入品牌参照点对吸引效应及折衷效应影响研究［D］．成都：西南财经大学硕士学位论文，2012．

［149］秦海英．实验与行为经济学［M］．北京：中国财政经济出版社，2010．

［150］秦银，李彬彬，李世国．产品体验中的用户期望研究［J］．包装工程，2010（10）：70．

［151］冉伦，武丹，雷俊丽．框架效应影响下的航空收益管理决策偏差［J］．北京理工大学学报，2015（1）：83-88．

［152］任杰，赵冬梅．网络零售环境下生鲜水果参考价格影响因素［J］．经济与管理研究，2014（12）：119-124．

［153］任杰，赵冬梅．在线消费者购买决策行为研究［J］．价格理论与实践，2014（9）：104-105．

［154］蓉泰生．AMOS 与研究方法［M］．重庆：重庆大学出版社，2010．

［155］盛亚军，张沈清．基于集群视角的区域名牌形成影响因素探究——集群产业优势测量量表的开发及检验［J］．管理评论，2009（3）：73-80．

［156］石雷山，丁家永．品牌个性的心理学分析与研究［J］．机电信息，2005（22）：44-45，49．

［157］苏淞，黄劲松．参考价格理论研究新进展［J］．经济学动态，2013（3）：148-157．

［158］苏伟．前景理论视角的网络购物消费体验模式研究［D］．哈尔滨：哈尔滨理工大学硕士学位论文，2012．

［159］童璐琼．金钱与时间概念对消费者享乐品和实用品选择的影响研究［D］．北京：清华大学博士学位论文，2011．

［160］万苑微．感知利益、感知风险和购买成本对网络消费者购买意向影响的研究［D］．广州：华南理工大学硕士学位论文，2011．

［161］王彩红，张辉．产品属性与网络市场的柠檬问题［J］．科技和产业，2009，9（7）：53-57．

［162］王崇，李一军，叶强．互联网环境下基于消费者感知价值的购

买决策研究 [J]. 预测，2007（3）：21-25.

[163] 王丹. 不同情绪状态下参照点对决策评估的影响研究 [D]. 苏州：苏州大学硕士学位论文，2012.

[164] 王建东. 微博用户忠诚度影响因素研究 [D]. 北京：中国农业大学博士学位论文，2014.

[165] 王丽荣. 心理距离对网购决策的影响研究 [D]. 北京：中国农业大学博士学位论文，2014.

[166] 王强松. 投资者参考点的调整与处置效应 [J]. 经济论坛，2011（4）：167-170.

[167] 王新新，杨德锋. 基于线索利用理论的感知质量研究 [J]. 经济研究导刊，2007（4）：97-102.

[168] 邬盛根. 消费者行为学 [M]. 北京：高等教育出版社，2001.

[169] 吴长亮. 参照点视域下产品规格与消费者心理价格的关系研究 [J]. 首都经济贸易大学学报，2014（6）：92-95.

[170] 吴明隆. 结构方程模型——AMOS 的操作与应用 [M]. 重庆：重庆大学出版社，2010.

[171] 吴涌. 家电品牌的产品多元化对消费者感知产品质量影响研究 [D]. 武汉：华中农业大学硕士学位论文，2012.

[172] 吴玉桐. 心理账户对个体经济决策的影响 [J]. 生产力研究，2011（10）：19-20，31.

[173] 谢文荣，陈宏民. 商品价格参照性对于网络交易方式选择的影响 [J]. 系统管理学报，2012（11）：787-794.

[174] 徐琳. 网络购买决策的影响因素：卖家地域特征 [J]. 经济论坛，2001（7）：98-99.

[175] 徐萍. 药品消费中的热点问题剖析及对策 [A]. 山东省医学伦理学学会. 山东省医学伦理学学会第二次学术年会论文集 [C]. 山东省医学伦理学学会：山东省医学伦理学学会，2001：4.

[176] 徐绪松，马莉莉，陈彦斌. 考虑损失规避的期望效用投资组合

模型［J］. 中国管理科学，2007，15（5）：42-47.

［177］闫德利. 电子商务：互联互通，引领未来［R］. 京东政策研究室，欧洲电子商务协会，2014.

［178］阎俊，蒋音波，常亚平. 网络口碑动机与口碑行为的关系研究［J］. 管理评论，2011，23（12）：84-91.

［179］杨春梅. 基于联合分析法的消费者产品属性偏好的确定［D］. 沈阳：东北大学硕士学位论文，2008.

［180］杨勇攀，史仕新，陈锟. 基于混合 Logit 模型的消费者偏好测量研究［J］. 生产力研究，2009（2）：73-75.

［181］张波，隽志才，林旭勋. 基于累积前景理论的出发时间选择 SDUO 模型［J］. 管理工程学报，2013（1）：68-76.

［182］张彩虹，莫钰姿，刘耀中. 网络消费者行为决策影响因素与企业策略分析［J］. 消费经济，2008（1）：62-64.

［183］张汉鹏，陈冬宇，王秀国. 基于网站和卖家的 C2C 消费者购买意愿模型：感知收益与风险的转移［J］. 数理统计与管理，2013（7）：718-726.

［184］张金萍，周游. 网络营销中产品属性与渠道属性匹配研究［J］. 商业研究，2003（17）：79-80.

［185］张蕾. 考虑消费者参照依赖和策略行为的动态定价研究［D］. 长沙：中南大学硕士学位论文，2012.

［186］张圣亮，吕俊. 服务失误归因对消费者情绪和行为的影响［J］. 经济管理，2010，32（11）：99-105.

［187］张文慧，王晓田. 自我框架、风险认知和风险选择［J］. 心理学报，2008（6）：633-641.

［188］张文彤，邝春伟. SPSS 统计分析基础教程（第2版）［M］. 北京：高等教育出版社，2011.

［189］张自强，高岚. 异质性、参照依赖与农民对集体林权改革的评价［J］. 浙江社会科学，2014（1）：87-95.

［190］章璇. 时间距离对消费者在线冲动性购买行为的影响研究［D］.

广州：中山大学博士学位论文，2012.

[191] 赵冬梅，纪淑娴. 信任和感知风险对消费者购买意愿的实证研究 [J]. 数理统计与管理，2010，29（2）：305-314.

[192] 郑小平. 在线评论对网络消费者购买决策影响的实证研究 [D]. 北京：中国人民大学硕士学位论文，2008.

[193] 钟小娜. 网站特性和消费者个体特征对网络购物接受程度的影响 [D]. 浙江：浙江大学硕士学位论文，2005.

[194] 钟毅平，申娟，吴坤. 风险决策任务中时间距离对框架效应的影响 [J]. 心理科学，2009，32（4）：920-922.

[195] 周嘉南，黄登仕. 损失厌恶能否解释"好消息提前，坏消息延后"[J]. 管理科学学报，2009，12（6）：125-138.

[196] 周毅. 网络购买决策关键影响因素挖掘研究 [D]. 东华大学，2011.

[197] 朱晓辉. 中国消费者奢侈品消费动机的实证研究 [J]. 商业经济与管理，2006（7）：42-48.

[198] 邹燕，郭菊娥. 对期望理论的两个重要推进——损失厌恶系数 λ 及参考点研究 [J]. 运筹与管理，2007（10）：87-89.

[199] 邹燕，郭菊娥. 行为金融学理论研究体系及展望 [J]. 宁夏大学学报（人文社会科学版），2007（6）：208-210，219.

一、研究目的

通过对有过网络购买经历的消费者进行访谈，搜集哪些因素会影响到他们参照点的形成，这些因素具体包含的变量是什么，对访谈结果进行整理分析，最终筛选出与本书内容关联性较大的参照点形成的影响因素。（注：参照点是指消费者在对可能的购买损益结果作主观估价时会以某个既存的心理中立基点为参照，把决策结果理解为实际损益量与心理参照点的偏离方向和程度。）

二、访谈对象基本信息

序号	内容	
1	年龄	
2	职业	
3	性别	
4	职位	
5	受教育程度	

三、访谈问题

序号	参照点相关话题
1	网络购物时，您是否会考虑以前同种产品的购买价格？
2	网络购物时，您是否会比较不同网站同种商品的价格？

续表

序号	参照点相关话题
3	网络购物时，您对所要购买的产品有期望价格吗？（或预先设想的价格）
4	您认为以上这三种价格哪种最重要？原因是什么？
5	网络购物时，同种产品标签的不同描述方式或图片展示方式是否会对您产生不同的影响？
6	网络市场中各种促销方式，是否会影响您对产品的比较？您印象最深（或最喜欢）的是哪种促销？
7	如果您网络购买数码相机，您是否会比较相机的功能、品牌、像素等因素？哪种最重要？
8	您在网络购物时是否会查看已购该产品的消费者的评价进行判断？
9	网络促销时间是否会影响您对产品的比较判断？
10	网络产品的配送时间是否会影响您对产品的比较判断？
11	您的购买目标是否会影响网络购物？（在线浏览和确实要买两个阶段）
12	您自己的购买偏好是否会影响您对网络产品的判断？（对待风险的偏好）
13	除了以上因素之外，是否还有其他因素影响您在网购产品时对产品的比较判断？这些因素是什么？

第一部分：基本信息

1. 您的性别：（   ）

A. 男   B. 女

2. 您的年龄范围：（   ）

A. 18~24 岁   B. 25~34 岁   C. 35~44 岁   D. 45~54 岁

E. 55 岁以上

3. 您的受教育程度：（   ）

A. 小学   B. 初中及以下   C. 高中、中专   D. 大专、本科

E. 研究生及以上

4. 您有几年的网络购买经验：（   ）

A. 无   B. 1 年以内   C. 1~2 年   D. 2~3 年   E. 3 年以上

5. 您的月收入状况：（   ）

A. 2500 元以下   B. 2501~5000 元   C. 5001~8000 元

D. 8001~12000 元   E. 12000 元以上

第二部分：影响因素的测量

（请根据您在某网站浏览或使用的整体感受，对以下问项选择您的同意程度。）

1 = 完全不同意   2 = 不太同意   3 = 略微不同意   4 = 不确定

5 = 略微同意   6 = 比较同意   7 = 完全同意

测量项目	1	2	3	4	5	6	7
1. 网络购物时我会考虑以前购买过该产品的价格							
2. 我会比较不同网站同种产品的价格							
3. 我在购买网络电子产品之前会对价格进行估计							
4. 我认为通过网络购物会遇到很多风险（如资金不安全、产品质量不过关等）							
5. 我会仔细查看网络产品中展示的图片和文字（如产品的外观、功能、颜色等）							
6. 我认为通过网络购买产品省时省力							
7. 我在意网络市场中产品的外观、色彩等可看到的特点							
8. 我在意网络市场中产品的质量和性能							
9. 网络产品的正面评价对我影响大							
10. 网络产品的负面评价对我影响大							
11. 通过网络购物主要是想放松一下身心，缓解疲乏							
12. 通过网络购物可以买到实体店不能买到的产品							
13. 我很在意网站对产品的配送时间的长短							
14. 较传统购买方式而言，我更喜欢通过网络购物							
15. 我更愿意在网店购买在实体店接触过或有专柜的品牌							

问卷到此结束，感谢您的配合！

您好，为分析不同参照点对在线消费者购买决策的影响，中国农业大学课题组制作了这份问卷，旨在了解消费者在不同参照点的影响下，对网络产品的购买意愿及偏好，为网络商家营销提出建议。本问卷的结果仅用于独立的研究报告。问卷采用不记名形式，您只需按照自己的实际情况选择合适的答案。本问卷没有所谓的正确答案，只要依据您个人的内心感觉填写即可！

假如您打算在某商城网站（如京东商城）上购买数码相机，选中了两种不同的品牌，分别为进口品牌佳能相机和国产品牌明基相机。

佳能（Canon）		明基（BenQ）
IXUS 265 HS 数码相机		GH650 数码相机
1600 万像素		1600 万像素
3.0 英寸液晶屏		3.0 英寸液晶屏
12 倍光学变焦		26 倍光学变焦
25mm 广角遥控拍摄		22.3mm 广角
中关村某实体店	2145 元	899 元
某网络商城	1268 元	899 元

注：此为 2014 年 10 月 10 日网站的产品信息。

第一部分：基本信息

1. 您的性别：（　　　）

A. 男　B. 女

2. 您的年龄：（　　　）

A. 18~24 岁　　　B. 25~34 岁　　　C. 35~44 岁　　　D. 45~54 岁

E. 55 岁以上

3. 您的教育程度：（　　　）

A. 小学　　　B. 初中及以下　　　C. 高中、中专　　　D. 大专、本科

E. 研究生及以上

4. 您有几年的网络购买经验？：（　　　）

A. 无　　　B. 1 年以内　　　C. 1~2 年　　　D. 2~3 年　　　E. 3 年以上

5. 您的收入水平：（　　　）

A. 2500 元以下　　　B. 2501~5000 元　　　C. 5001~8000 元

D. 8001~12000 元　E. 12000 元以上

第二部分：不同参照点对购买决策的影响

1. 在线消费者感知收益维度

（1）网络市场上的产品价格总是比传统市场上的购买价格低。例如实体店出售价格为 2145 元的照相机，网络市场价为 1268 元包邮，我认为通过网络购买更省钱。（　　　）

1=完全不同意　　　2=不太同意　　　3=略微不同意　　　4=不确定

5=略微同意　　　6=比较同意　　　7=完全同意

（2）通过网络购买品牌相机能享受更优惠的价格。（　　　）

1=完全不同意　　　2=不太同意　　　3=略微不同意　　　4=不确定

5=略微同意　　　6=比较同意　　　7=完全同意

（3）过去比较好的网络购买经历会影响我当前对照相机的购买决

策。（　　）

　　1＝完全不同意　　　2＝不太同意　　　3＝略微不同意　　　4＝不确定

　　5＝略微同意　　　6＝比较同意　　　7＝完全同意

　　（4）通过阅读网络照相机的产品标签，会改变我的购买决策。（　　）

　　1＝完全不同意　　　2＝不太同意　　　3＝略微不同意　　　4＝不确定

　　5＝略微同意　　　6＝比较同意　　　7＝完全同意

　　（5）佳能/明基相机对我来说不可替代，使用该品牌的产品是一件愉快的事情。（　　）

　　1＝完全不同意　　　2＝不太同意　　　3＝略微不同意　　　4＝不确定

　　5＝略微同意　　　6＝比较同意　　　7＝完全同意

　　（6）佳能/明基品牌是我生活中的重要组成部分，该品牌的形象与我的身份相符。（　　）

　　1＝完全不同意　　　2＝不太同意　　　3＝略微不同意　　　4＝不确定

　　5＝略微同意　　　6＝比较同意　　　7＝完全同意

　　（7）通过网络市场挑选照相机时，我很在意网友对此商品好的评价。（　　）

　　1＝完全不同意　　　2＝不太同意　　　3＝略微不同意　　　4＝不确定

　　5＝略微同意　　　6＝比较同意　　　7＝完全同意

　　（8）我购买的照相机其评论的评分比较高。（　　）

　　1＝完全不同意　　　2＝不太同意　　　3＝略微不同意　　　4＝不确定

　　5＝略微同意　　　6＝比较同意　　　7＝完全同意

　　（9）网络购物时，佳能/明基品牌的照相机总有新产品供我选择，使我感到满意。（　　）

　　1＝完全不同意　　　2＝不太同意　　　3＝略微不同意　　　4＝不确定

　　5＝略微同意　　　6＝比较同意　　　7＝完全同意

　　（10）购买电子产品，与实体店购买相比，我更愿意通过网络购买。（　　）

　　1＝完全不同意　　　2＝不太同意　　　3＝略微不同意　　　4＝不确定

　　5＝略微同意　　　6＝比较同意　　　7＝完全同意

（11）我更喜欢从网络购买品牌知名度高的电子产品。（　　）

1＝完全不同意　　　2＝不太同意　　　3＝略微不同意　　　4＝不确定

5＝略微同意　　　6＝比较同意　　　7＝完全同意

2. 在线消费者感知损失维度

（1）通过网络购买到产品后，再去实体店查看，如果价格相同时，我会有一种失落感。（　　）

1＝完全不同意　　　2＝不太同意　　　3＝略微不同意　　　4＝不确定

5＝略微同意　　　6＝比较同意　　　7＝完全同意

（2）网络商店出售原价为2145元的相机，现价1268元出售，如果我没有购买会感到失望。（　　）

1＝完全不同意　　　2＝不太同意　　　3＝略微不同意　　　4＝不确定

5＝略微同意　　　6＝比较同意　　　7＝完全同意

（3）网络商店出售原价为2145元的相机，现促销赠送赠品，我没有购买会感到失望。（　　）

1＝完全不同意　　　2＝不太同意　　　3＝略微不同意　　　4＝不确定

5＝略微同意　　　6＝比较同意　　　7＝完全同意

（4）我认为通过网络购买这款相机不值这个价钱。（　　）

1＝完全不同意　　　2＝不太同意　　　3＝略微不同意　　　4＝不确定

5＝略微同意　　　6＝比较同意　　　7＝完全同意

（5）我过去的网络购买不好的经历会影响我当前对照相机的购买决策。（　　）

1＝完全不同意　　　2＝不太同意　　　3＝略微不同意　　　4＝不确定

5＝略微同意　　　6＝比较同意　　　7＝完全同意

（6）与实体店相比，通过网络购买产品需要注册填写许多内容才能购买，我觉得很麻烦。（　　）

1＝完全不同意　　　2＝不太同意　　　3＝略微不同意　　　4＝不确定

5＝略微同意　　　6＝比较同意　　　7＝完全同意

（7）佳能/明基品牌的相机对我来说很重要，不购买会令我失望。（　　）

1＝完全不同意　　　2＝不太同意　　　3＝略微不同意　　　4＝不确定

5＝略微同意　　　6＝比较同意　　　7＝完全同意

（8）佳能/明基品牌的相机并不能引起我的注意。（　　）

1＝完全不同意　　　2＝不太同意　　　3＝略微不同意　　　4＝不确定

5＝略微同意　　　6＝比较同意　　　7＝完全同意

（9）在是否购买这款相机的决策中，我会参考已购消费者对相机的负面评论。（　　）

1＝完全不同意　　　2＝不太同意　　　3＝略微不同意　　　4＝不确定

5＝略微同意　　　6＝比较同意　　　7＝完全同意

（10）产品负面评论会对我购买这款商品的决策产生影响。（　　）

1＝完全不同意　　　2＝不太同意　　　3＝略微不同意　　　4＝不确定

5＝略微同意　　　6＝比较同意　　　7＝完全同意

（11）网络购物时，如果没有选择佳能/明基品牌的相机我会感到遗憾。（　　）

1＝完全不同意　　　2＝不太同意　　　3＝略微不同意　　　4＝不确定

5＝略微同意　　　6＝比较同意　　　7＝完全同意

（12）通过网络购物，转换到其他品牌会令我觉得损失很大。（　　）

1＝完全不同意　　　2＝不太同意　　　3＝略微不同意　　　4＝不确定

5＝略微同意　　　6＝比较同意　　　7＝完全同意

（13）我认为网络购买品牌照相机与增添生活乐趣并没有关系。（　　）

1＝完全不同意　　　2＝不太同意　　　3＝略微不同意　　　4＝不确定

5＝略微同意　　　6＝比较同意　　　7＝完全同意

（14）我从网络商城购买的佳能/明基品牌相机并没有达到我期望的质量。（　　）

1＝完全不同意　　　2＝不太同意　　　3＝略微不同意　　　4＝不确定

5＝略微同意　　　6＝比较同意　　　7＝完全同意

（15）我从网络商场购买此品牌的相机性价比低。（　　）

1＝完全不同意　　　2＝不太同意　　　3＝略微不同意　　　4＝不确定

5＝略微同意　　　　6＝比较同意　　　　7＝完全同意

3. 网络购物感知收益

（1）我觉得在网络购物很方便。（　　　）

1＝完全不同意　　　2＝不太同意　　　　3＝略微不同意　　　4＝不确定

5＝略微同意　　　　6＝比较同意　　　　7＝完全同意

（2）通过网络购物，使我有更多的选择空间。（　　　）

1＝完全不同意　　　2＝不太同意　　　　3＝略微不同意　　　4＝不确定

5＝略微同意　　　　6＝比较同意　　　　7＝完全同意

（3）通过网络购物，会使我的生活充满乐趣。（　　　）

1＝完全不同意　　　2＝不太同意　　　　3＝略微不同意　　　4＝不确定

5＝略微同意　　　　6＝比较同意　　　　7＝完全同意

（4）通过网络购物，会使我保持良好的心态。（　　　）

1＝完全不同意　　　2＝不太同意　　　　3＝略微不同意　　　4＝不确定

5＝略微同意　　　　6＝比较同意　　　　7＝完全同意

（5）通过网络购物，我可以买到一些现实生活中买不到的商品。（　　　）

1＝完全不同意　　　2＝不太同意　　　　3＝略微不同意　　　4＝不确定

5＝略微同意　　　　6＝比较同意　　　　7＝完全同意

4. 网络购物感知损失

（1）通过网络购物，使我失去了在传统实体店购买的休闲乐趣。（　　　）

1＝完全不同意　　　2＝不太同意　　　　3＝略微不同意　　　4＝不确定

5＝略微同意　　　　6＝比较同意　　　　7＝完全同意

（2）通过网络购物，不能更切实直观地看到商品，很容易买到以次充好的商品。（　　　）

1＝完全不同意　　　2＝不太同意　　　　3＝略微不同意　　　4＝不确定

5＝略微同意　　　　6＝比较同意　　　　7＝完全同意

（3）通过网络购买到的商品，颜色、外观与自己购买前想象的并不相同。（　　　）

1＝完全不同意　　　2＝不太同意　　　3＝略微不同意　　　4＝不确定

5＝略微同意　　　6＝比较同意　　　7＝完全同意

（4）通过网络购买，我有可能付款后不能获得我的货物。（　　）

1＝完全不同意　　　2＝不太同意　　　3＝略微不同意　　　4＝不确定

5＝略微同意　　　6＝比较同意　　　7＝完全同意

5. 网络购买态度维度

（1）我认为通过网络购买照相机之类的电子产品是明智的。（　　）

1＝完全不同意　　　2＝不太同意　　　3＝略微不同意　　　4＝不确定

5＝略微同意　　　6＝比较同意　　　7＝完全同意

（2）在决定通过网络购买照相机之类的电子产品之前，我会先仔细考虑一下。（　　）

1＝完全不同意　　　2＝不太同意　　　3＝略微不同意　　　4＝不确定

5＝略微同意　　　6＝比较同意　　　7＝完全同意

（3）通过网络购买电子产品之前，我希望能详细了解产品的相关信息。（　　）

1＝完全不同意　　　2＝不太同意　　　3＝略微不同意　　　4＝不确定

5＝略微同意　　　6＝比较同意　　　7＝完全同意

6. 网络购买意愿维度

（1）当需要照相机之类的电子产品时，我会更愿意通过网络购买。（　　）

1＝完全不同意　　　2＝不太同意　　　3＝略微不同意　　　4＝不确定

5＝略微同意　　　6＝比较同意　　　7＝完全同意

（2）与在传统实体店相比，我倾向于通过网络购买照相机之类的电子产品。（　　）

1＝完全不同意　　　2＝不太同意　　　3＝略微不同意　　　4＝不确定

5＝略微同意　　　6＝比较同意　　　7＝完全同意

（3）如果我以前通过网站购买过电子产品，若还需要购买其他电子产品，我肯定还会通过网络市场购买电子产品。（　　）

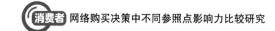

1=完全不同意　　　2=不太同意　　　3=略微不同意　　　4=不确定

5=略微同意　　　6=比较同意　　　7=完全同意

（4）我会向其他人宣传这个购物网站（京东商城）。（　　　）

1=完全不同意　　　2=不太同意　　　3=略微不同意　　　4=不确定

5=略微同意　　　6=比较同意　　　7=完全同意

问卷到此结束，感谢您的配合！